子ども・障害のある人から見た明治150年

平和・自由・人権を

鴨井慶雄
Kamoi Yoshio

クリエイツかもがわ
CREATES KAMOGAWA

子ども・障害のある人から見た明治150年
平和・自由・人権を　もくじ

序章

平和・自由・人権をキーワードに

この3つをキーワードにしたのは

この本の副題にもなっている3つのキーワード、平和・自由・人権は、相互に離れがたくつながっている。

平和な世の中でなければ自由な言動はあり得ない。戦争は人の行動を強制的にしばりつけ、自由をうばう。ということは人間としての尊厳が制約され、人間らしく生きる権限が制限される。平和であればこそ、安心して生活していける。自由であればこそ、自分の思うことができる。人権が認められてこそ、生活が保たれる。

人間として生まれてきたからには誰しも人間らしく幸せに生きたいと願わない者はいない。しかし、21世紀に入って20年になろうとしている今も、人類は核戦争の危機、壊滅的な方向へと向かう地球環境、貧困と格差の広がりなど厳しい現実の中で数多くの人がその願いを満たせず、苦しんでいる。今の日本は、憲法9条のおかげで一応、平和国家と目されているが、実際には戦争する国へ限りなく近づいている。今も世界各地で紛争があり、それがいつ戦争に発展しないとも限らない。核兵器は今でもアメリカとロシアを主にして約1万4000発もあり、何かをきっかけにそれが使用されれば、人類が破滅するほどの威力がある。

平和な社会とは、戦争のない、暴力を許さない、いじめや虐待がない、もめごとは話し合いで解決していく社会のこと。

自由な社会とは、自分の持ち味や才能を最大限発揮していける社会のこと。

人権尊重の社会とは、人間として生きる権利が保障され、生きていてよかったと言える社会のこと。

そういう社会にまだ人類はたどり着いてはいないが、そういう社会になることをめざして活動することはできる。この世に生きている以上、そういう社会をめざしていきたいものである。

そのためには、現実を正確にしっかり見据える必要があるが、私たちの目は曇らされていないだろうか。例えば、2018年が明治政府誕生から150年になるというので、政府は「明治の精神に学ぶ」「日本の強みを再認識する」などと言って記念式典をやったり、地方でもいろいろな記念事業が行われた。しかし、50年前の明治100年の時と比べると、勢いがなくて、もう一つ盛り上がらなかった。50年前は高度成長で経済が着実に良くなると思えた時代だったが、グローバルな社会になり、しかも災害が相次ぐ今は、先の見通しも読めない不安定な時代になっている。そういう時に、「明治の精神」とか「日本の強み」ということで何を受け継ごうとしているのか、よく吟味する必要があるのではないか。

明治150年の少なくとも前半の七十数年は、侵略と植民地支配の歴史であり、明治憲法(大日本帝国憲法)のもとでそれが行われたわけだが、歴代自民党や安倍晋三首相の改憲論の根底には、象徴天皇を元首に戻し明治憲法体制に引き戻そうとする考え方がある。改憲派の人たちは植民地支配や日本国民の弾圧などの加害や被害のひどさを意識的に見ようとしないどころかその事実を消し去ろうとすらしている。それでは歴史を正しく学ぶことにはならず、これからの展望も見えない。

新憲法ができた戦後の歴史も手放しの平和が保たれたのではなく、アメリカに従属しながらの憲法9条を変える動きとそれを阻止する動きのせめぎあいであった。今はそれが極限にまできている。そのことを曇りなき目で見据えて対処する必要がある。

そのためには、歴史をしっかり学ぶことが大切である。そう思って私は、明治以降の歴史を、平和・自由・人権をキーワードにしてたどることにした。明治以降の150年を振り返り、日本の国民がどのように平和を願い、自由を求め、生きる権利を勝ち取る闘いをしてきたかをつかんでいきたいと思う。

それを政治や社会の変化の中で、特に子どもと障害のある人の教育や福祉・生活に焦点を当てて迫ってみたい。体や心に障害のある人、病気の人、いわゆる社会的弱者といわれる人々の生活と権利はどうだろうか。そこのところに最も社会的矛盾が集中しているので、平和・自由・人権の問題が浮き彫りにされるに違いないと考えるからである。

ていねいに取り上げるとぼう大な量になるため、一つひとつの事柄は極めてコンパクトにしか触れ得ず、舌足らずの点が多い。詳しく知りたい方は、巻末に載せた参考文献を見ていただきたい。

各章の区分は、天皇の年号による時代区分をあえて避け、戦争や大事件、世界的動向などを中心に、20～40年を単位に分けてみた。あくまで個人的に考えた区分であることをお断りしておく。

また、言葉遣いや名称は当時の使い方をそのまま使っている。今では差別用語として使われなくなっている言葉もあるが、歴史の推移を見る上で必要なものとして理解してほしい。

この章ではまず、明治以降との違いとつながりをみるために、それまでの子育てと障害のある人の歴史を簡潔にみておくことにしよう。

日本の子育てと障害のある人

江戸時代に日本を訪れた外国人の多くが、日本の子育てをほめている。1689（元禄2）年に来日したフランス人の宣教師ジャン・クラッセは、子育ては日本人の最大の美徳で、到底外国人の及ぶところではないと激賞し、1775（安永4）年、長崎に来航したスウェーデン人の博物学者カール・ペーテル・ツンベルグも、日本の児童教育はヨーロッパの文明国より進んでいると断言している。

古来から、出産は人生の一大事で、無事に子どもを産み育てることは大変なことであった。「七歳までは神のうち」という言葉があるほど乳幼児の死亡率は高かった。腹帯・七夜、宮参りなどの習俗は子どもへの祝福であり、三歳、五歳、七歳を節目としてお祝いするところが多かった。

しかし、凶作・飢饉が打ち続く江戸時代後半には、半ば公然と遺棄殺害、いわゆる「間引き」や「子返し」（神様にお返しするという意味）が広く行われた。生まれてすぐの乳児は「水子《みずこ》」といわれて特別に軽く扱われ、生後間もなくの子どもの遺棄は子どもを殺すのではない、育てないことなのだとされた。

幕末開国とともに来日したアメリカの宣教師ヘボンの伝記は「奇形児は見当たらなかった。というのは、こうした子どもは生存を許されなかったからである」と記している。

当時にあっては、出生の当初から外見上奇形の顕著な、あるいは虚弱な子どもたちは、ほとんど誕生の祝福を受けることなく、その生存を拒絶されたことだろう。

当時の日本に盲人が多かったことが、ヘボンの伝記に記されている。「三人に一人は痘痕《あばた》があった。盲人は驚くほどよく目についた。天然痘は常に発生し、しばしば大流行を来たした」と。母体からの性病の感染、新生児の眼炎、周期的に流行する天然痘・はしかなど、幼児たちはたえず失明の危険にさらされていたのである。

鎌倉時代に平家物語を琵琶の伴奏で語る盲人芸能者の組織が生まれ、当道座と称した。当道座には、検校《けんぎょう》・別当《べっとう》・勾当《こうとう》・座頭《ざとう》という官位が設けられ、そこでの師弟関係による芸能（平曲）の伝授という形での職業教育が長く行われた。また、医療分野で盲人の新職業を開拓した杉山和一《わいち》検校は鍼《はり》の治療で名をあげ、幕府の庇護のもとに当道座は成長した。官位はお金を上納することで上に昇進できたので、高利貸に精を出す者も出てきた。

お経を読みお布施をもらう盲僧も、九州・中国地方を本拠にして、座をつくっていた。下層の盲人は按摩業で生活を支えた。

盲目の女性の一部は、三味線を弾き歌をうたって家々を回りお金をもらう、ごぜ仲間の組織をつくった。

盲人の学者として有名な塙《はなわ》保《ほ》己一《きいち》は、埼玉県の農家に生まれ、7歳のとき病で失明、15歳で江戸に上り、音曲・鍼治療・按摩などを習ったが、生来の不器用でいずれも上達せず、そのため文の道に励むようになったといわれる。その道の学者に弟子入りし、学習に励んだ。耳学問で記憶力は抜群、各地に散在する古記録を集めて校訂し、類別に編集して665冊にして刊行したのが『群書類従』である。もちろんこれだけの偉業を成し遂げるには、諸大名や事業の協力者集団の支援があり、そのもとで才能を開花させることができたのである。江戸時代にはこのほかにも多数の盲人学者が輩出している。

このように、江戸時代までは、障害のある人の中では、視覚障害者が特に芸能、医術、学問などの分野で、自らの才覚、厳しい修行、努力を重ねることによって世に出る人がいたことが注目される。その一方で、座頭あんまの盲人は蔑《さげす》みの対象として江戸の川柳には描かれている。その他の障害のある人たちの多くは短命で、生きながらえたとしても、家族や地域社会の中で、ひっそりと過ごすか、生きるために見世物に出たり、乞食をしたりするほかに道はなかった。

寺子屋の教育と障害児

江戸幕府の学問所としての昌平校や各藩の藩校は武士階級、藩士の養成所であるが、郷校《ごうこう》は藩が設けた庶民対策の私塾で、上からの教育機関であった。

江戸幕府の参勤交代制度は大名の統制策で諸藩の出費は大きかったが、江戸と諸国間の交流をうながした。生産の上昇、経済の発展につれて商品が流通しはじめると、庶民も簡単な数字や文字の知識が必要となる。その要求に応えて、江戸時代後期には、寺子屋が普及した。大体、6、7歳で「寺入り」し、読み（読書）、書き（手習い）と算盤（そろばん）、さらに行儀作法を、師匠から教育された。一斉教授ではなく、年齢、学習進度、子どもの必要性に根ざした教育内容による個別教授が中心であった。寺子屋に行ける者は、中流以上の庶民の子どもたちであった。その数は幕末には全国で1万5000とも2万ともいわれ、これが明治の学制令による小学校設立に役立った。

障害児はどうだったろう。障害児の通学した寺子屋の多くは、都市部の寺子屋であり、習字習得可能な聾唖児が最も多かったという。

社会の変動

16世紀後半、群雄割拠の戦国の世を変えようと、織田信長は強引に天下統一をめざし、あえなく倒れたが、あとを継いだ豊臣秀吉は天下統一を成し遂げただけでなく、「アジア支配」の妄想まで抱き、朝鮮侵略を2回にわたって行い、朝鮮軍・明軍の反撃で失敗に終わる。

関ヶ原の戦いで勝利した徳川家康は、1603（慶長8）年、征夷大将軍となり、江戸幕府を開いて幕府の基礎を固め、以後15代、265年の間、他国を侵略することもなく、比較的平和な時代を維持することができた。したがって、歌舞伎や文楽、俳諧や浮世絵などを楽しむ商人文化、庶民の文化が花開いた。農村でも豊作を祈願する、あるいは祝う祭りや舞踊などが受け継がれた。

幕藩体制という巧妙な支配体制のもとで武士の支配階級が維持されたが、この時期の支配的な思想は儒教で、「君に忠、親に孝」と教え、「身分相応」な生き方を求めていた。

東北地方で農民を援助した、医者で思想家の安藤昌益《しょうえき》のように、農民こそ最も大切な人びとで、それ以外の者はみな農民の作り出したものを横取りしていると言い、身分制を徹底的に批判する人もいた。

幕末になると、イギリス・フランス・ロシア・アメリカなど欧米諸国から開国を迫られ、国内では尊王攘夷運動が高まり、倒幕へと進むことになる。「世直し」を求める一揆や打ちこわしも激増した。

1867（慶應3）年10月14日、将軍慶喜《よしのぶ》は大政奉還を申し出、統治権を朝廷に返上した。1868年1月15日、岩倉具視《ともみ》らは王政復古の大号令（新政府樹立宣言）を発した。こうして天皇を中心とする新政権が誕生することになった。

明治維新から第1次世界大戦まで

明治維新の改革と近代化

新政府の成立

王政復古を唱え、幕藩体制を解体し、統一国家としての明治天皇制を成立させていった政治変革・社会変革の過程を明治維新という。

新政府の実権を握った薩摩・長州などの藩を代表して活躍していた下級武士たちは、政府の高官となり、1869（明治2）年、藩を廃止して権力を中央の政府に集め（版籍奉還）、71年には廃藩置県を断行した。261の藩は廃止され、府県を基礎とする中央集権的な権力が成立した。

新政府は外交に関する基本方針として、対外和親の態度をとり、世界に対抗できる国づくりを掲げ、西洋の近代文明の導入をはかって、富国強兵の道を推し進めようとした。

諸改革の推進と民衆生活

新政府は、１８６９（明治2）年、公家・大名を華族、武士を士族、農工商の人々を平民とした。平民にも苗字の使用を認め、異なる身分の結婚や職業・居所を自由とした。

71年には徴兵令によって、これまで軍事とは無縁だった国民にも兵役を義務づけた。農民に対しては、田畑への作付けの自由を認め、土地の所有権を認めたが、地租改正によって、豊凶にかかわりなく地価の3％の地租の納入を命じ、納付は金納とすることを決定した。

72年、「学制」を発布した。全国に大学校8、中学校２５６、小学校5万３７６０校を設置するというものであった。「邑《ムラ》ニ不学ノ戸ナク家ニ不学ノ人ナカラシメン事ヲ期ス」という国民皆学の理念がうたわれ、身分の差、男女の差なく、6歳以上の子どもはすべて学校に行かなければならないとした。学ぶことは国民の義務とされ、全国の村々には小学校が設置されていった（学制発布は徴兵令・地租改正とともに維新の三大改革といわれる）。76年までに全国で2万５０００近くの小学校がつくられたといわれているが、全体の7割以上が寺院や民家などを利用したものであった。当時の子どもたちは、家の仕事や子守などを受け持つ働き手であった。また、学校の建設費や授業料は民衆の負担であったから、学校への反発も強く、行政側の督促や強制にもかかわらず、就学率はなかなか上がらず、1870年代になっても50％に満たなかった（79年には男子58％、女子23％）。

新政府は朝鮮側にこれまでどおりの修交関係を申し入れる文書を送ったが、朝鮮側はこの文書を突っ返してきた。その結果、1873（明治6）年、朝鮮に対して軍事行動を起こそうという意見（征韓論）が強まり、政府は征韓の方針を決定した。しかし、欧米視察から帰国した岩倉具視・大久保利通・伊藤博文らの反対によってくつがえされたため、西郷隆盛・板垣退助ら征韓派は政府を去り、反政府運動のリーダーとなった。政府の近代化政策に不満を抱く士族は74年に佐賀の乱、77年に西南戦争を起こしたが敗北した。

徴兵制度に反対して西日本の各地では参加者数万人の一揆が相次いだ。また、地価や基準となる米価が一方的に決定されたことなどから反発が強まり、76年には地租改正反対一揆が起こり、翌年、政府は地租の率を2・5％に引き下げざるを得なかった。

明治政府は四民平等をとなえ、身分制を廃止したが、華族・士族・平民という差別は残された。また、「えた非人」の解放も一応行われたが、「新平民」という俗称のもとに未開放部落の差別も事実上続いた。

欧米諸国と幕末に結んだ条約は日本にとってたいへん不利な不平等条約であった。低い関税率と関税自主権がないことによって、税金は高く、外国品が安く入ってくるので、輸出品の生産も困難で、国内産業も育ちにくかった。

76年、今度は日本が、日朝修好条規という不平等条約を朝鮮に押しつけた。朝鮮内部では朝鮮政府と日本に対する反発が強まった。朝鮮を属国とみなす清国も朝鮮への介入を強め、朝鮮進出をねらう日本との対立を深めていった。日本政府は将来の対清戦争に備えて軍備拡張を進めた。

貧困な福祉施策

新政府は数百年来続いてきた当道座等による盲人保護の慣行を廃止し、その事務所を解散させた。また、ほとんど盲人の専業とされてきた鍼按《しんあん》音曲の教師等の特権も認められなくなり、他の障害者より恵まれていた視覚障害者も、にわかに生活の道を失うことになった。こうした状態が有識者の目にとまり、救済策として新たな教育施設の設立を考えさせることになった。

1874（明治7）年に太政官達として府県に示された恤救《じゅっきゅう》規則（救貧法）は、無告の窮民のみに限定して制度化された。即ち、70歳以上・13歳以下・「廃疾」者・長病者で、しかも極貧にして労働能力がなく、親族や地域の相互扶助に欠ける者を対象とした。廃疾者と70歳以上が年間一石八斗、13歳以下が同七斗、長病者は一日当たり男三合・女二合とされた。救済率は0・2％程度と低かった。

それからほぼ10年後の83年に、「陸海軍恩給令」として「恩給」制度が登場し、翌84年には高級官僚のための「官吏恩給令」が生まれる。つまり、職業軍人と高級官僚のためには年金制度がいち早く整備され、特別扱いされた。

慈善主義の盲・聾唖教育

幕末から明治維新にかけて欧米の障害児教育事情が数多く紹介された。福沢諭吉の『西洋事情初編』（1866年）には「唖院」「盲院」「痴児院」等を紹介している。しかし、障害児教育振興策として具体的提案がなされるのは、1871（明治4）年、開明派官僚であった山尾庸《よう》三《ぞう》が太政官に提出した建白書「盲唖学校ヲ創立セラレンコトヲ乞フノ書」においてであった。

翌72年の「学制」には、障害児学校については、わずかに「其外《そのほか》廃人学校アルヘシ」という記述があるだけである。「廃人学校」は、盲・聾などの障害児を対象とする学校の包括的な名称であるが、極めて消極的な態度がうかがわれる。このように、障害児の教育は通常の学校教育の制度にきちんとした形では位置づけられなかったが、社会事業としてではなく、教育の一環としてとらえる観点は示されている。

京都で、寺子屋の教師であった古河太四郎《ふるかわたしろう》は、京都市内の待賢小学校の訓導になっていたが、「盲唖モ亦人ナリ」として、75年頃から聾唖児の教育に取り組み、まもなく盲児も加え、教育方法をいろいろ工夫して指導した。京町衆や寺院の幅広い支援・協力もあって、78年に日本で最初の公立障害児学校である京都盲唖院が開院した。人力車による生徒の送迎・貧困生徒への貸費制度等の援助を得て、開院当初56名であった生徒数が、86年には147名にもなった。しかし、地方財政の悪化による公的補助の打ち切りで、就学保障が困難になり、その結果、退学者が続出、経営も困難になって、89年、規模を縮小して京都市に移管された。古河院長は赤字経営の責任をとって辞職した。

東京府では76年、「私立廃人学校」が設立された。「習字」「算術」などの普通教育をめざす家塾的な盲人学校で、生徒が20名程度いたが、開設して1年余りで廃校となった。

楽善会訓盲院は、外国人宣教師や知識人などによる認可要請と募金の運動で、80年、東京築地に創設され、民間有志の慈恵金による経営をめざした。聾唖児の教育にも着手し、84年には訓盲唖院と改称した。しかし、生徒数は伸び悩み、経営困難に陥り、結局、85年に文部省に移管され、87年、官立東京盲唖学校と改称された。民間有志による事業は挫折した。

大阪でも、79年11月、府立大阪模範盲唖学校が設立されたが、翌年5月の府会で予算が否決され、わずか8カ月で廃止された。憤慨した府の学務課長日柳政朔《くさなぎまさのり》は職を辞し、個人経営の私立盲唖学校として事業を受け継いだが、財源が乏しく、92年には自然消滅した。

自由民権運動と教育統制

自由民権運動

政府は近代化政策を上から強力に推し進めた。これに対して国民の政治参加を求める運動が起きた。自由民権運動である。1874(明治7)年1月、板垣退助らは、一部の藩閥官僚が政権を独占している現状を批判し、民撰議院設立建白書を政府に提出し、民撰議院(国会)を開くことを要求した。

80年3月、愛国社は国会の開設をめざす国会期成同盟を結成し、4月請願書を政府に提出したが受理されず、政府は集会条例を定めて取り締まった。国会期成同盟は憲法起草運動を起こし、政党をつくる動きも起こってきた。各地で憲法の研究・起草作業が本格化した。高知の植木枝盛《えもり》は「日本国国憲案」全220条をつくり、幅広い国民の権利と自由を無条件で保障しようとした。この草案は約70あるといわれる草案の中でも最も民主的な内容を示している。それは一つには徹底して基本的人権を保障する立場をとっていること、二つには日本を70州からなる連邦国家制とし、地方自治の意義を尊重していること、三つには圧政に対する抵抗権(革命権)を認めていることにある。

復古的教育政策

「学制」が画一的であまりにも現実を無視したという批判がなされ、１８７９（明治12）年、学制にかわる新しい教育令（自由教育令）が出された。就学義務の緩和、学区制の廃止、小学校設置の自由化など、教育の権限を大幅に地方に委ねた。しかし、こうした教育の状況は、自由民権運動の全国的な発展とともに危険なものと感じられ、教育政策は再び復古的なものに転換する。同年8月に明治天皇によって示された「教学聖旨」は、儒教主義による皇国思想に立つものであった。

80年、集会条例によって、教師、学生生徒の演説会の参加などが禁止された。同じ年、自由教育令は、改正教育令に改められ、重要事項は文部卿の認可を経ること、学校の設置、就学義務の強化、また「修身」を教科の筆頭におくことなどを規定した。さらにその翌年には、「小学校教員心得」によって教員は「殊ニ尊王愛国ノ志気ヲ振起」する任務を要求されることになった。

教育勅語の発布

教育勅語は、国会開設1カ月前の１８９０（明治23）年10月に、天皇から山県有朋《ありとも》首相が受け取り、発布された。「朕惟《オモ》フニ」から始まる「教育ニ関スル勅語」の中心は、「常ニ國憲ヲ重《オモン》ジ國法ニ遵《シタガ》ヒ、一旦緩急アレハ義勇公ニ奉シ、以《モッ》テ天壌無窮ノ皇運ヲ扶翼スヘシ」というところにある。これによって忠君愛国の教育規範が確立し、以後の教育・国民道徳の支柱となった。この勅語の写しが、91年から各校に配られた。以後10月30日は教育勅語下賜記念日として、全国の学校で教育勅語の奉読式が行われることになった。

91年、「小学校祝日大祭日儀式規定」が制定され、重要な国家の祝祭日を学校行事とした。それぞれの儀式では、「君が代」を初め、「紀元節」「天長節」など天皇をたたえる歌を歌うことが義務づけられた。

それと前後して、全国の学校に天皇・皇后の写真（御真影）の交付が行われ始めた。87年代の後半になると、全国一斉に学校儀式がもたれるようになった。御真影に最敬礼、天皇陛下万歳、教育勅語奉読、校長訓話、「君が代」斉唱という決まりきった形になった。教育勅語の趣旨徹底をはかるため、検定教科書から国定教科書が用いられるようになり、1909年には、修身科の時間数も大幅に増やされた。これで皇室のありがたさが子どもたちにいっそう刷り込まれていくことになる。

帝国憲法体制と近代天皇制

政党の時代へ

1881（明治14）年、岩倉具視、伊藤博文らは天皇の勅諭をもって約10年後に国会を開設することを約束し、あわせてイギリス流の自由主義的な大隈重信《しげのぶ》派を政府から追放した（明治14年の政変）。そして、プロシャの憲法を参考にして、天皇の権限を守ることを主眼にした大日本帝国憲法発布へと進めていった。

その年、国会期成同盟のメンバーたちは、板垣退助を党首に選んで、日本で最初の政党、自由党を結成した。82年には、政変で政府を追放された人々が母体となり、立憲改進党が結成された。民権運動は結社の時代から政党の時代に移っていった。

大日本帝国憲法の制定

１８８９（明治22）年、大日本帝国憲法が制定された。日本国は、天皇が主権者であり、国民は、天皇の臣下＝「臣民」とされ、天皇は現人神《あらひとがみ》であり「神聖にして侵《おか》すべからず」として神聖化され、「天皇は国の元首」であってすべての統治権をもつ絶対的なものと決められた。天皇への尊崇が国民に強制され、天皇を批判したり反対することは厳重に処罰された。国民は「臣民」として無条件で戦争にかりだされ、あらゆる犠牲を強要されることになった。

議会は一応もうけられたが、内閣は天皇によって任命され、天皇に対して責任を負うだけで、議会に対しては何ら責任を負わなかった。議会は貴族院と衆議院の２院に分けられたが、国民が選挙で議員を選べるのは衆議院だけだった。選挙権は25歳以上の男性で直接国税（地租・所得税）15円以上を納める者に限られていた（当初の有権者は人口の1・1％）。

90年、最初の帝国議会が開かれた。山県有朋首相は施政方針演説で「主権線」だけでなく「利益線」を主張、朝鮮半島の軍事的な確保が必要だとし、軍備拡張予算の承認を求めた。

日清・日露戦争と社会の変動

日清戦争

1894（明治27）年、南朝鮮一帯に農民の反乱（甲午農民戦争）が広がった。朝鮮政府は清国に対し出兵を依頼したが、日本も同時に出兵を決定。両国の出兵によってこの反乱は鎮定されたが、日本は兵を朝鮮の地にとどめたため、清国兵と衝突、日清戦争が始まった。アメリカが和平交渉に乗り出し、95年、下関条約が結ばれた。遼東半島・台湾などを日本の領土とする、賠償金として金2億両（日本金で3億1千万円）を日本に支払うなど、日本に有利な内容だった。

ロシア・フランス・ドイツの三国が、日本が獲得した遼東半島の返還を求めてきて（三国干渉）、やむをえず日本はそれを受け入れたが、臥薪嘗胆《がしんしょうたん》（＝目的を達成するため苦労を重ねる）を合言葉に、以後軍備拡張に突き進むことになる。国の歳出規模は戦前の3倍になり、増税が相次いだ。

日清戦争に日本が動員した兵力は24万616人、軍夫1万4000人、戦死、戦病死者は

1万3488人だった。日清戦争の勝利で、日本は極東において優位に立ち、台湾を領有し、朝鮮を侵略する手がかりを得た。過重な軍拡予算と欧米への軍艦発注などで一挙に財政難に陥り、国民の税負担は増え、清国からの賠償金も注ぎ込むが、その結果、国債が国内で売れないほど不景気が来た。国債発行もできなくなり、97年、ついに外債発行に踏み切ることになる（日本円で9763万円、日清戦争前の国家予算8452万円を上回る多額の借金）。交渉を重ね、妥協点を見つけ、外交力をつけていくという道よりも、ひたすら軍事力に頼って切り開いていくという、日清戦争で「小さな成功」を収めた軍事優先の考え方が次第に強まっていった。

日清戦争が終わり、資本主義的生産が盛んになり始めると、納税額で制限されていた選挙権を全国民に広げて「普通選挙」を実現することをめざす運動が起こった。97年、木下尚江《なおえ》らが普通選挙同盟を結成し、その2年後には普通選挙期成同盟がつくられた。そしてその翌年には、有権者の資格が直接国税15円以上を納める者から10円以上を納める者へと少し広げられた。

産業革命と社会の変化

西南戦争による戦費調達で生じたインフレーションを解消しようと、大蔵卿松方正義《まさよし》がデフレーション誘導の財政政策「緊縮財政」を実施した結果、土地を手放す自作農民が続出し、その土地は地主のもとに集まっていった。小作農民は地主から土地を借りる代わりに、小作料を支払わなければならなかった。田の小作料は収穫した米の半分以上に及び、稲作だけで生活することは不可能になっていった。養蚕《ようさん》などを行なったり、娘を出稼ぎ女工に送り込み、ようやく家計をやりくりせざるを得なかった。零細な自作農も、肥料代の増加や租税負担の増大によって負債がかさんでいった。

政府は富国強兵を掲げて産業の振興政策を進めた。日清・日露戦争の間の時期、手工業から機械制工場への生産の転換がはかられ、産業革命が急速に進んだ。

「生糸がささえた文明開化」といわれるほど、生糸の果たした役割は大きい。長く輸出品の大半を占めた。しかし、製糸業は景気変動の影響を敏感に受け、不安定な企業であった。多くの手先の器用な労働者が必要であったので、若い女工が農村から集められた。不衛生な寄宿舎に入れられ、1日12～13時間、長ければ17～18時間も働かせられた。男性の労働者の多くは、造船業・軍事産業などの重工業や鉱山業などで働いた。初期の重工業の中心は、軍直属の軍事工場だった。政府は鉄道の建設を進め、1889（明治22）年に新橋～神戸間の東海道本線が全通した。

1901年、官営の八幡製鉄所が操業を開始し、日本の対外進出とともに大きくなり、軍備拡張の中心になっていった。三井・三菱・住友・古河など、政商と呼ばれた商人たちは、造船所や鉱山などの官業事業の払い下げを受けて、財閥の基礎をつくっていった。実業家の古河市《ふるかわいち》兵衛《べえ》が買収して設備の近代化をはかった足尾銅山の煙から出る亜硫酸ガスによって山の木や草が枯れ、銅・亜鉛・鉛・ヒ素などの有毒重金属が渡良瀬川に大量に垂れ流されたため、魚が大量に死んだり、農作物は枯れ、人の健康もむしばまれた。栃木県選出の代議士田中正造は政府を厳しく批判し、抵抗した。

労働者の労働条件の改善をめざして、高野房太郎《ふさたろう》らは１８９７年、職工義友会をつくって労働組合の結成を呼びかけた。さらに、高野・片山潜《せん》らは労働組合期成会を結成し、各地で演説会を開き、労働組合の結成を訴えた。これに応えて、東京砲兵工廠の職工らや金属機械工場の労働者の鉄工組合、日本鉄道の機関士の日本鉄道矯正会、印刷工の活版工組合などが結成された。

政府は１９００年、治安警察法をつくったが、それは、労働組合をつくったり、ストライキをすることを事実上禁止する「労働組合死刑法」ともいえるものだった。これによって労働組合は致命的な打撃を受け、衰退にむかった。

１８９９年、安部磯雄・幸徳秋水《こうとくしゅうすい》・片山潜らは社会主義研究会を設立、翌年には社会主義協会に名を改め、１９０１年5月には日本で最初の社会主義政党、社会民主党を結成した。しかし、治安警察法によって直ちに結社を禁止され、具体的な活動に入る前に解散させられた。

03年には、幸徳秋水や堺利彦《としひこ》らが「平民新聞」を発行し、平民主義、社会主義、平和主義を掲げた。

日露戦争と韓国併合

1900（明治33）年、中国山東省に起こった義和団と呼ぶ宗教の秘密団体が蜂起すると、8カ国の連合軍が出兵して鎮圧した。その後ロシアは満州に武力増強を行なったため、日本はイギリスと手を結び、日英同盟を結んだ。日本はロシア軍の満州撤兵を要求したが認められず、ついに04年、ロシアに宣戦布告を行い、日露戦争が始まった。これは植民地利権の争奪という点で、世界最初の帝国主義戦争といわれる。1年半にわたる戦いで日本の戦力は限界に達し、戦争継続は不可能となった。戦費は日清戦争の時の約10倍、20億円にものぼった。そのため日本政府は大増税のほか、戦費の大部分を英米両国での外国債でまかなう方策をとった。この戦いは、戦死者8万4000人、傷病者は14万3000人という多大な犠牲者を出した大戦争だった。

日本はアメリカに講和のあっせんを依頼し、ポーツマス条約が結ばれた。日本は賠償の要求を取り下げ、南樺太を譲り受けた。日本は軍事面では勝ったが、外交面ではロシアの完全な勝利であった。国民は講和内容に不満を示し、東京日比谷に講和反対の焼打ち事件が起きるほどであった。

05年、日韓協約が結ばれて、日本は韓国支配を強めた。韓国初代総監になった伊藤博文は09年、暗殺された。日本はこの事件を、韓国を併合する口実に利用した。日本は朝鮮の学校に日本語教育を強要し、すべての公用語を日本語にした。そこでの教育は、民族の母国語や歴史を奪い、学力の程度を低く釘づけにするような内容であった。

社会問題と社会運動

日清・日露の戦争を通じて、日本の資本主義は帝国主義の段階に入った。対外的には条約改正（１８９４年）と関税自主権の回復（１９０５年）、産業資本の形成（金本位制１８９７年、機械制工業の樹立）、寄生地主制の確立、国民皆兵（徴兵制の改正１８８９年）、教育の飛躍的拡充を一挙にもたらした。

夏目漱石は、小説『三四郎』（１９０８年）の中で、日露戦争に勝ったから日本もこれから発展するだろうと言う三四郎に、汽車の中の髭の男（広田先生）は「亡びるね」と言ってびっくりさせている。それから40年も経たないうちに漱石の予言は見事に当たった。作家の先を見通す力は大したものだ。

日露戦争後の恐慌の中で、労働争議は急増し、大工場・大経営で大規模な争議が相次いだ。１９０７（明治40）年の足尾銅山の争議は３０００人の暴動となり、弾圧のために軍隊が出動した。

06年には、日本社会党が日本最初の合法的無産政党として成立したが、幸徳秋水らの無政府主義と片山潜らの議会主義とが分裂し、さらに政府によって解散を命ぜられるに至った。

10年、大逆事件が起きた。政府は26名の無政府主義者が天皇の暗殺を企てたという理由ですべて有罪とし、うち幸徳ら12名を死刑にした。幸徳ら革命をとなえる者を一掃するためのでっち上げ事件であった。事件内容や裁判は一切秘密にされた。

事件後、警視庁には特別高等課、いわゆる特高警察が設けられて、社会主義者の取り締まりは苛烈となり、思想界に恐怖時代を起こすことになった。社会主義運動はほとんど押さえ込まれ、いわゆる「冬の時代」を迎えることになる。

普通選挙法案は、11年に衆議院は通過したが、貴族院で否決された。これに対して普選運動が盛り上がり、19年には直接税10円以上となっていた有権者の資格を3円以上と改めさせた。これによって有権者数は150万人から330万人以上へと倍以上に増加した。この妥協案はかえって運動に火をつけることになり、翌年には東京で7万5000人以上の大デモが行われた。

「富国強兵」の病歴

明治初期にはコレラ・赤痢・腸チフス・ペストなど急性伝染病が大流行した。なかでも感染力が強く最大の強敵とされたコレラには「コレラ一揆」の抵抗運動が頻発した。当時の衛生水準の低さは、乳児死亡率に表れ、諸外国に比して著しく高い。100人の新生児のうち15人以上が死んでしまった。

近代化を急ぐ日本を無惨に浸食し猛威を振るった病毒に、結核がある。樋口一葉が結核で亡くなったのは25歳、石川啄木は26歳の若さであった。貧困・窮乏化の社会的要因が大きい。なかでも花形産業といわれた繊維産業（製糸・紡績・織物）の女子労働者は、14、15時間にも及ぶ就業で食事は監獄より劣るという劣悪な労働条件で使い捨てにされ、病気になって農村に戻っていき、農村に結核を蔓延させた。

また、性病の問題も根が深かった。明治政府は徳川幕府の売春政策「吉原」保護策をそのまま引き継ぎ、公娼を官憲で手厚く保護し、遊郭は全盛時代を迎えた。別名「花柳病」の名のとおり、花柳界つまり売春とつながっていた。これら売春婦の供給源が、農村の疲弊、都市貧困層の存在であった。

１９１３（大正２）年、「日本結核予防協会」が設立され、19年「結核予防法」が制定されたが、結核対策は民間団体にその責任を押し付け、天皇の仁慈《じんじ》という思想をその運営の中心に据えていた。

明治以降の急激な社会変動は、生活様式の急変、生活難の増大を招き、精神的葛藤を生み出す中で、精神病者が顕在化していくのは避けがたい。その対応はもっぱら警察の監視であった。

１９００年に制定された「精神病者監護法」は、精神障害者を私宅に監置して家族にその処遇責任を負わせるものであった。

01年に東京府巣鴨病院（のちの松沢病院）の院長になった呉秀三《くれ》は各地の精神病患者の私宅監置・民間療法の実状を調査し、「我邦十何万ノ精神病者ハ実ニ此病ヲ受ケタルノ不幸ノ外ニ、此邦ニ生レタルノ不幸ヲ重ヌルモノト言フベシ」と厳しい批判を行なっている。彼は精神病学の術語にも力を注ぎ、特に「狂」の字の追放に力を入れた。これは、精神病は不治であるという偏見や精神病者に対する社会的差別観との闘いでもあった。19年、「精神病院法」が制定され、道府県に設置義務が定められたが、公私立病院を「代用病院」とすることとなり、大半を民間に依存するという状況は変わらなかった。

06年制定の「廃兵院法」による、日露戦争時の軍人で救護を必要とする者を収容する施設はわずか1カ所にとどまった。

教育制度の拡充と整備

教授内容の画一化

日清・日露の二つの戦争を通じて、日本の資本主義は明らかに帝国主義の段階に入り、それに応える教育制度の充実が求められた。1896（明治29）年に52％であった就学率は急上昇に進み、1905年には、86・9％に達した。

文部省は、校規（校則）をもとに学校管理の定型化を進めた。児童の一挙手一投足まで細かく規制したり、教授内容は完璧なまでに画一化された。03年、教科書採用をめぐる贈収賄事件をきっかけに、教科書は検定から国定に変えられた。修身・歴史教科書は「天照大神《あまてらすおおみかみ》」「天孫降臨《てんそんこうりん》」といった天皇中心の神話から始まるようになり、天皇が歴史の中心になった。子どもたちは戦争ごっこに熱中し、軍人か官員になって忠義をつくし、大切な天皇とお国を守ろうと、幼い胸に覚悟させられていった。

07年、小学校令が改定され、翌08年4月から義務教育年限が4年から6年に延長された。高等教育については京都帝国大学が新設されたのを皮切りに、東北・九州・北海道に帝国大学が設立された。そして第一～第七高等学校と山口の８つの高等学校が設けられた。また、実業学校の振興や師範教育の整備もはかられた。

子どもの健康

子どもの死亡率が高かった。１８８６（明治19）年には1歳から3歳までの子どもが1年間に17万人あまり死亡している（全死亡者の20％を占める）。それが20年後の１９０６年には30万人にまで増加し、全体に占める比率も31％と高くなっている。死因の多くは発育・栄養上の病気であった。子どもの医学は立ち遅れ、乳幼児の健康はおびやかされていたのである。さらに16

歳から20歳までの青少年の死亡も20年間に1万人近く増加している。06年における青年の死亡数の40％を結核などの呼吸器病が占めている。この背景には、働く子どもや青年の過酷な労働条件があった。

なかでも女工たちの子どもの死亡率は高く、一般の子どもの死亡率の2倍という有様だった。障害児も病弱児もたくさんいた。細井和喜蔵著の『女工哀史』（岩波文庫、１９８０）には次のように記されている。

女工の子どもにはまた発育不良、醜児、低能児、白痴、奇形児、盲唖などがかなり多い。私の歩いた大小工場でその保育場を見まわると、どこへ行っても強くかしこそうな美しい子どもは一人としていず、胎毒でかさぶただらけの頭のでっかい醜児ばかりであった。そうして社宅から出る学齢児童中には必ず低能児が数人まじっており、そのほか通学さえもできない白痴や盲唖がいるのだった。…普通統計によれば、奇形児や白痴は１０００人に対して2人くらいしかいない。しかし、紡績工の児童は少なくともその3倍以上だと推断することができる。

不就学対策

都市のスラムの住人となった女性の子どもたちは、通常の学校教育の制度からもれてしまっていたため、１９０３（明治36）年、東京市は市の直接管理・経営のもと、「特殊小学校」を開設した。その第1号「下谷《したや》万年小学校」の生徒数は２０３名、そのうち国籍があるのは17名であった。婚姻届も出生届も出されていない私生児がほとんどだった。いくつもの皮膚病や眼病にかかり、語彙《ごい》もわずかだった。授業料を免除し、教科書・教具を貸与、学用品、衣類、食料などを与え、無料で施療した。こうした学校は15校を数えた。この背景には、00年の小学校令改正による就学義務規定の強化やスラム街の不就学対策などがあった。

盲・聾唖教育の進展

生活の手段をもたず貧窮の中にあった盲人に対して、鍼灸按摩の業者などが中心になり、盲唖学校をつくる動きが活発になった。

盲人事業家五代五兵衛《ごだいごへえ》は、たまたま来日したグラハム・ベル（電話の発明家）の講演で、古河太四郎が称えられているのを聴いて深い感銘を受け、自力で盲唖院を設立する決意を固めた。１９００（明治33）年9月、古河太四郎を京都から院長に迎え、私立大阪盲唖院が設立された。院長、教員、助手の３名で盲生３名、聾生22名の指導にあたった。03年からは大阪市から奨励金５００円が交付されるようになったが、年間５０００余円の予算を確保できず、寄付金募集は休みなく続けられた。五代院主はたびたび大阪市に移管の請願を続け、07年４月、市営移管が実現し、大阪市立盲唖学校となった。

盲児の指導にあたっては、教育方法の面で多くの創意工夫を要した。木片にカタカナやひらがな・漢字などを刻んだり、厚紙に凸出させた文字を読ませようとしたり、鉛筆や石筆で文字を書く練習などをした。しかし、凸字の教科書を読むのはとても難しかったので、もっぱら暗唱させる教授法をとっていた。

１８２５（文政８）年、フランスの盲学校の生徒だったルイ・ブライユが16歳の時に考案した点字は、文字を習得する上で非常に優れたものであったため、世界各地に急速に広がっていった。しかし、それがわが国に紹介されたのは70年代末のことで、半世紀遅れであった。わが国では１８９０（明治23）年、東京盲唖学校の教員石川倉次《くらじ》案の日本訓盲点字が採用された。１９０１年には「官報」に掲載され、教育方法の発展によって教育の可能性が飛躍的に増大した。

しかし、盲・聾唖児教育の先進的な実践がありながらも、国は他の障害をもつ子どもの教育には極めて冷淡であった。政府は、１８８６年の第１次小学校令において就学猶予規定を、第２次小学校令（90年）において猶予・免除規定を登場させ、第３次小学校令（１９００年）において「病弱又ハ発育不完全」等を猶予に、「瘋癲《ふうてん》白痴、不具廃疾」を免除にする、と規定した。

こうして、教育しても国家の役に立たないと判断された障害児・病弱児は学校教育からいっそう排除されていった。

盲・聾唖教育の分離と義務化・公立化運動

慈善主義が支配していた特殊教育は、民間の有志が私財を持ち出し、寄付を集めて盲唖学校を造っていったが、財政基盤がぜい弱で、学校経営は寄付や慈善事業の収益、宮内庁からの下賜金などによってかろうじて維持された。

日清戦争後から特殊教育振興の要求運動が高まり、明治30年代には全国各地で私立の盲唖学校（盲唖院）が相次いで設立されていった。１８９５（明治28）年が2校、１９００年が9校、05年が24校、10年が45校と、日露戦争後の増加が特に顕著である。しかし、その多くは職業教育を目的とする小規模の私立学校であり、経営は絶えずひっ迫していた。この学校急増に伴う教員不足を補うため、03年に東京盲唖学校に教員練習科が設置された。この教育要求の高まりの背景には、一般児童の就学率が90％を超えて明治末には98％に達したが、盲聾児の就学率は数パーセントに過ぎないという事情がある。

06年、全国聾唖大会に参会した関係者らによって聾唖教育省令案が決議された。それを受けて、代表の3校長が文部省に、盲聾教育分離、官公立盲・聾唖学校設置、義務制など、盲唖教育令制定を建議した。盲聾唖教育の発展をめざす教師たちは、自らの力の結集をはかろうと、全国の盲唖学校教員の組織化を進めた。07年に第1回の「日本盲唖学校教員会」（11年に「全国盲唖教育会」と改称）が開催された。

10年には東京盲学校と東京聾唖学校が分離し、全国的に盲学校と聾学校が分離していく先鞭をつけた。それに伴い、教員練習科は師範科に改組され、両校に設置された。11年に開催された全国盲唖教育会では「盲唖教育ノ義務教育トスル事」を建議することを決め、文部大臣に提出された。

このように、盲・聾教育の分離と義務化の要求運動が粘り強く続けられていく。1897年末に東京の官立（国立）と京都の市立しかなかった公立盲唖学校は、各府県に公立盲学校・聾唖学校の設置を定めた「盲学校及聾唖学校令」の制定をみる1923（大正12）年には15校にまで増えた。

精神薄弱児の教育・福祉

就学児童の増加とともに、劣等児とか落第児と称せられる学業不振や非行等の子どもが問題化した。これに対して特別な学級を編制する学校が現れた。長野県の松本尋常小学校「落第学級」（1890年開始〜94年廃止）や長野尋常小学校「晩熟生（鈍児）」学級（96年開設）など先駆的な取り組みが始まったが、長続きはしなかった。その救済策が全国的に問題になってくるのは、明治30年代の後半になってからである。また、１９０６（明治39）年には、大阪師範学校附属小学校に「教育治療室」が開設され、担当した鈴木治太郎《はるたろう》の実践の成果が「官報」に掲載された。

学校教育の対象とならなかった精神薄弱児の保護と教育は、石井亮一の滝乃川学園（１８９６年）、脇田良吉の白川学園（１９０９年）などの精神薄弱児施設が、先覚者の努力によって開設されていった。

病弱児教育とハンセン病対策

病弱児教育は、都会地の虚弱児を転地療養させて生活指導することから始まった。当時の国民病の一つであった結核の予防と並行して進められた。

しかし、ハンセン病については全く別扱いであった。ハンセン病はらい菌による細菌感染症で、主として末梢神経と皮膚が冒される疾患である。現在では治る病気になっており、新たな発生はほとんどない。しかし、他の感染症と違ってはなはだしく忌み嫌われた。患者や家族は差別・偏見にさらされ、社会から疎外、排斥されてきた。体の変形などで治らない病気と思われたり、誤って遺伝病と考えられたりした。法律が一貫して患者を隔離の対象とし、法律の執行に警察官がかかわったり、収容された患者の家を保健所の職員が消毒したりした。患者・家族全体の、人間としての自由と権利を奪ったのである。

1907(明治40)年3月、「癩《らい》予防ニ関スル件」が公布された。当時の癩患者数は4~5万人と推測されていた。同法にもとづき、全国を5ブロックに分けて09年、公立療養所が5カ所、合計1100名の定員で設けられた。その責任者と職員(医局員は除く)の大部分は元警察関係者であった。

16(大正5)年の法改正で、患者に対する懲戒権を付与し、裁判を受ける権利を奪った。

31(昭和6)年、「癩予防法」を制定して、「療養所」という名の刑務所的収容所へ全ての患者を隔離し、患者の根絶を企図した。日本民族の質を低める病気は全て排除される必要があると考えられたからである。〝民族浄化〟のための患者絶滅という優生思想がその基礎にあった。

各療養所では、学齢期に達した患者児童に、小学校訓導の資格をもつ「患者教師」が寺子屋式の授業を行なった。授業の中心は「読み・書き・そろばん」であり、療養所で生活を送る上で必要最小限のことができればよいとされた。治療・療養して社会復帰をすることは想定されていなかった。

第2章

第１次世界大戦から世界恐慌を経て日中・太平洋戦争へ

第１次世界大戦

大戦前後

日露戦争後、欧米列強は軍備拡張に全力をあげた。ロシアの相対的地位が低下し、ロシア・フランス同盟が力を失うと、イギリスはフランスとロシアに接近した。ドイツはトルコへの影響を強め、バルカン半島への進出をはかった。

アジアでは１９１１（明治44）年に辛亥革命によって清国が崩壊し、翌12（大正１）年に孫文らによって中華民国が成立したものの、革命勢力と軍閥勢力が武力衝突・内紛を繰り返した。これは、日本が膨張する機会をねらう要因にもなった。

14年６月、ヨーロッパでの戦争（のちの第１次世界大戦）は、「世界の火薬庫」と呼ばれたバルカン半島サラエボでオーストリア皇太子暗殺事件をきっかけにして始まった。ドイツ・オーストリア・イタリア（三国同盟）対イギリス・フランス・ロシア（三国協商）の対立抗争となり、日本は日英同盟（02年）、日露協約（07年）を結んでいることから、三国協商側に立ち、14年8月にドイツに対して宣戦布告して、中国におけるドイツの権益を狙い撃ちし、もっぱら大陸進出に力を入れた。15年1月、中国の袁世凱《えんせいがい》政権に「対華21カ条の要求」を行い、山東半島におけるドイツ権益の継承、満州南部と東部内蒙古での優越権の強化などを求め、要求の大部分を認めさせた。

大戦中の17年に起きたロシア革命に対する列強諸国のシベリア出兵に日本も参加し、列強との協議による割り当て兵力1万2000人をはるかに上回る7万3000人もの大部隊を東部シベリアに派遣し、しかも永らく居座った。

第1次世界大戦を経て、日本資本主義は重工業の発展に伴い急速に発展し、三井・三菱の二大財閥を中心に独占資本は大きく前進した。一方、一般大衆の生活は相次ぐ不況で物価高に苦しみ、生活の低下ははなはだしかった。

ワシントン体制

大戦でドイツが敗北した結果、パリ講和条約で日本はドイツの権益を受け継ぐことになった。１９２１（大正10）年11月、アメリカの主導権のもとにワシントン会議が開かれて、９カ国条約が結ばれ、山東半島における日本の優越権は失われた。一方、国際協調の高まりと軍備縮小への動きの中、イギリス・アメリカ・日本の海軍主力艦のトン数を５・５・３の比率に制限し、以後10年間は建造しないことを約束した。こうして、ワシントン体制と呼ばれる東アジアの新たな国際秩序が成立した。

平和への動きが本格化し、20年１月、平和維持を目的とした初めての国際政治機構、国際連盟が結成された。しかし、敗戦国ドイツを犠牲にし、ソ連を敵視し、アメリカが不参加などの弱点を抱えていた。

28（昭和３）年には不戦条約（正式名は「戦争放棄に関する条約」）が締結され、独立国のほとんどが批准した。戦争放棄を宣言、紛争解決のための手段にのみ訴えることを規定した。しかし、条約違反への制裁規定がないなどの弱点があった。

大正デモクラシー

働く女性の進出

日本の資本主義の発展は、低賃金で働く女子の労働者によって支えられていた。日清戦争以来、婦人・年少労働者の数が増大し、その労働条件は極めてひどいものであり、「工場法」の制定が望まれていた。1911(明治44)年、ついに工場法が議会を通過し、16(大正5)年から施行されることになった。労働者の最低年齢は12歳、労働時間は12時間、休憩時間は合計1時間、休日は月2回(12歳未満の幼年工を特例で使用する場合は1日6時間、休日は月4回など)が決められ、工場監督制が実施された。24年の「工場統計表」によると、職工のうち男子工員が46%に対し、女子工員は54%となっている。

米騒動と社会改造のための運動

第1次世界大戦の好景気で国内の物価ははね上がり、特に米価は商人の買い占めで高騰した。1918(大正7)年7月、富山県魚津の漁師の妻たちが県外への米の積み出しを拒もうとする行動を起こした。それがきっかけとなり、米の安売りなどを求めて米屋や大商店などを襲う米騒動が起こった。それが新聞に載るとたちまち全国に暴動が起こった。参加者は70万人を超えたといわれる。政府は、富豪層の寄付などにより米の安売りを行わせ、さらに米価対策を行なって米騒動の沈静化に努める一方、参加者に対しては軍隊も出動して厳しく弾圧した。検挙者2万5000人以上、起訴7776人、死刑2名という犠牲者が出た。新聞の発売禁止や記事抹殺の弾圧に対して新聞社側は激しく政府に抗議した。この事件は、結果的には資本家と地主階級への抵抗となり、寺内正毅《まさたけ》内閣を辞職に追い込み、日本最初の政党内閣である原敬《たかし》内閣の誕生を生み出す要因となった。

米騒動を契機に、差別されてきた人々が団結して運動に立ち上がり始めた。労働者はストライキなどの労働争議を起こした。争議発生の理由は物価の上昇であるが、急増の背景には、経済発展に伴い労働者数が増大し、労働市場が売り手市場になっていたことがある。

20年には東京・上野公園で日本初のメーデーが開催された。参加団体は15団体、参加者は約1万人。このメーデーの成功で、労働運動は盛り上がっていく。翌年には労働組合の全国組織、日本労働総同盟がつくられた。

19年には普通選挙を要求する運動が高まり、各地で集会やデモが行われた。普選運動は翌年2月、盛り上がりをみせたが、政府は普通選挙を認めようとしなかった。

「元始、女性は太陽であった」と雑誌『青踏』の創刊号に書いた平塚らいてうらは、20年、新婦人協会を結成、婦人参政権獲得の運動を進めた。

農民も小作料の減額などを求めて小作争議を起こし、各地に小作人組合がつくられ、22年に農民の全国組織、日本農民組合（日農）が創立された。しかし、小作人の耕作権を認めるようにしようという小作法案は成立しなかった。

部落差別を受けていた人々は、22年、全国水平社を結成して、差別からの解放をめざす水平運動に立ち上がった。組織はたちまち全国に拡大し、その糾弾闘争は社会に衝撃を与えた。

政府の取り締まりによって抑えられていた社会主義運動も再び活発になる中で、22年、日本共産党がひそかに結成された。天皇制の廃止や18歳以上の普通選挙、8時間労働の実施などを掲げて活動を進めていった。

こういう状況の中で、自由権や社会権を認めさせようという運動も広がったが、言論の自由もなく、政治演説会には必ず警官が立ち会い、「弁士中止!」を連発した。大衆運動の盛り上がりを押さえるために、政府が22年に出した「過激社会運動取締法案」は、無政府主義、共産主義などの宣伝をしただけで7年以下の懲役というひどいもので、悪法反対の運動が大きく盛り上がり、廃案に追い込んだ。

関東大震災と震災下のテロ

1923(大正12)年9月1日、関東大震災が関東地方一帯を襲い、史上最大の被害をもたらした。物的被害は直接の損害額だけでも国家予算の3・5倍に達した。混乱の中、「朝鮮人が井戸に毒を投げこんだ」などといううわさが広められ、数千人の朝鮮人、数百人の中国人が虐殺された。社会主義者、無政府主義者たちも次々と検束され、虐殺される人が出た。

大震災をきっかけに、自由な空気を抑えて思想の統制をはかろうとする動きが強まった。

25年には、労働者の団結権やストライキの公認などを含む労働組合法案の提案も廃案になってしまった。

普通選挙法と治安維持法

１９２５（大正14）年、政府は普通選挙法を成立させたが、有権者は男性だけで、選挙権年齢は25歳、被選挙権は30歳以上という不十分なものであった。有権者はそれまでの約３００万人から約１２４０万人、全人口の22％に拡大し、選挙区は小選挙区から定数３～５人の中選挙区制となった。選挙にあたっては、官憲による干渉や妨害などが行われた。

「点字大阪毎日」や盲人の国会議員高木正午などの貢献により、この法律で点字投票が認められたことは画期的なことであった。

点字投票公認運動

普通選挙法で点字投票が認められるようになった背景には、当時『点字大阪毎日』（週刊）の主筆であった中村京太郎の活躍がある。１９２２年創刊の週刊点字新聞『点字大阪毎日』は、点字教科書の出版や点字の普及に熱心に取り組んできた。「大阪毎日慈善団」とともに「点字投票講習会」をたびたび開いたり、模擬点字投票を実施したりした。それは普選運動の一環であるとともに、点字を盲人の文字として公認されるようにする運動でもあった。

中村は「盲児なるがゆえに義務教育を免除され、盲青年なるがゆえに高等教育の門を閉ざされ、盲人なるがゆえに禁治産者にされ得るなど、兎角社会は目明き本位である」（『点字大阪毎日』１９２６年９月２日）と盲人のおかれた現状を鋭く批判している。

１回目の点字投票数は、５４５９票だった。


同じ国会で、治安維持法を定めて思想・結社の自由を取り締まる体制を固めた。これは高まりつつあった社会運動を取り締まるもので、「国体」という言葉が初めて用いられた。その目的は「国体変革」（天皇制打倒）と「私有財産制度の否定」（共産主義）を取り締まることにある、とされた。

25年8月、日本農民組合の提唱で、無産政党設立運動が具体化したが、社会民主主義者の分裂策によって単一政党にならず、26年末には共産主義者も参加した労働農民党と、社会民主党、日本労農党などの社会民主主義政党が分立する状態になった。

28（昭和3）年2月、普通選挙法による最初の衆議院選挙が行われ、政府与党の政友会が２１７議席、野党の民政党が２１６議席と拮抗した。注目の無産政党は立候補82人のうち８人が当選した。田中義一《ぎいち》内閣は、厳しい取り締まりと妨害にもかかわらず無産政党が46万票余り（総投票数の５％）を得票したことに恐れを抱き、28年３月、日本共産党員と支持者の大検挙を行なった（3・15事件）。検挙者は1568人にのぼった。

さらに6月には、天皇の名による緊急勅令によって、治安維持法の改正を公布した。これによって、「国体変革」が「私有財産制度の否認」より重く罰せられることになり、最高刑の死刑と無期懲役とが追加された。さらに、41年の改正で、適用対象を拡大し、宗教団体・学術研究会・芸術団体など、天皇制国家権力を批判するあらゆる運動がその取り締まりの対象となり、目的遂行罪と未遂罪が拡大解釈され、大量の犠牲者を出すことになった。

自由主義教育と修身の授業

大正時代には新しい教育を試みる学校が生まれてきた。成城学園では「個性尊重の教育」「自然と親しむ教育」「心情の教育」「科学的研究を基礎とする教育」をめざし、少数定員で個性的な教育が行われた。羽仁もと子の自由学園、西村伊作の「文化学院」、明星学園、児童の村小学校など注目すべき学校が誕生した。しかし、大正デモクラシーの退潮や行政権力の抑圧を受け、1930年代に入ると衰退していった。

18（大正7）年に改定された第3期国定教科書では、その4年生用『尋常小学修身書』巻四の巻頭に、教育勅語の全文が掲載された。その第1課は「明治天皇」であり、天皇陛下のためのよい日本人にならなければならない、というものであった。

27（昭和2）年の金融恐慌、29年の世界恐慌、同29～30年ごろからの飢饉が追い打ちをかけ、貧困児童の問題がいっそう拡大した。32年7月、文部省は農漁村の欠食児童20万人突破と発表した。

盲・聾児童の就学奨励

盲・聾教育界は盲・聾教育の義務制実施を中心とした改革要求を出し、盲唖教育令制定運動を活発化させた。1923（大正12）年、公布された「盲学校及聾唖学校令」では「普通教育」の保障を明記したが、就学義務規定を欠き、学校設置義務が7年間の猶予付きで規定されるにとどまった。しかし、設置基準が明確化されるなど、その後における盲・聾教育の拡充（盲・聾分離、公立移管等）にとって画期的な勅令となった。

16年で官公立学校が9カ所、私立が64カ所であったが、25年には前者が29カ所に増え、後者が67カ所と微増している。

なお、聾教育の場合は、手話が地域によって異なっていたことや、口話法が学校教育に持ち込まれたことで、関係者の間で手話と口話の教育方法をめぐって長い間論議が続き、聴覚障害者にとって生活言語であった手話は、ほとんどの聾学校から締め出されてしまった。口話法採用が主流となる中で、大阪市立聾唖学校では、手話言語を使い、指文字などをつくり出した。

手話をアピールするため、教師を中心にろう者劇団をつくり、演劇活動も行なった。

盲・聾児の家庭は経済的に恵まれないことが多かったこと、また通学が困難で寄宿舎を必要とする場合が多かったことから、一般の児童よりはるかに多くの教育費を要した。そのため、就学率は容易に上がらなかった。22年の就学率はわずか12％。35（昭和10）年になっても、盲児39％、聾児46％であった。

特殊教育の変容

１９２０（大正９）年に東京・林町小学校内に校内の「教育能率」を高めるための「特別学級」（促進学級）が設置された。同校の取り組みは文部省公認の全国モデルとして大きな影響を及ぼし、「特別学級」は20年代のピーク時には４６３学級を数えた。こうした取り組みも、昭和恐慌による財政難の影響を受けて後退し、31（昭和６）年には１００学級となり、以後、軍国主義の台頭・支配もあって、軍事力に積極的に貢献しない精神薄弱学級は減少の一途をたどっていった。こうした中、40年、大阪市立思斉《しせい》小学校がわが国最初の公立の精神薄弱児学校として誕生した。

一方、身体虚弱児については、「体の強弱によって児童を分類して教育するのは極めて合理的」として、26（大正15）年から、虚弱児童のための「特別学級」（養護学級）が設置され始め、以後、全国で年々増加、戦時下には健民運動の本格化を背景に激増し、44年には最高の２４８６学級に達した。

肢体不自由教育関係では、21（大正10）年に柏学園が通園施設として創設されたのに始まり、32（昭和7）年、公立ではわが国最初の肢体不自由校、東京市立光明学校が開設された。

世界恐慌から日中戦争へ

世界恐慌の波及

世界大戦後の１９２０（大正9）年の恐慌、23年の関東大震災は日本経済に大きな打撃を与えた。そのため、多くの不良債権を抱え込んだ銀行の金融恐慌が起こった。中小銀行を吸収した三井・三菱・住友・安田・第一の5大銀行の金融支配が確立した。

29（昭和4）年10月アメリカ・ウオール街の株価大暴落に端を発した世界恐慌は、翌年日本にも波及、株価・物価は大暴落をとげ、生産低下・国際収支の極端な悪化を招いた。主力輸出商品の繊維製品の輸出が大幅に減り、繭を生産する農村地帯は大打撃を受けた。工場の倒産が相次ぎ、都市には失業者があふれた。

31年と34年の東北地方の水害・冷害による大凶作が追い打ちをかけ、農村部では欠食児童や娘の身売りが相次いだ。

満州事変と国際的孤立

１９３１（昭和６）年９月、中国東北地方の奉天近郊、柳条湖で関東軍の手によって南満州鉄道（満鉄）の線路が爆破された。関東軍はこれを中国兵の日本権益侵害だと称して中国軍を攻撃し、翌32年初頭までに満州全土をほぼ制圧した。

32年３月には旧清朝の廃帝・愛新覚羅溥儀《あいしんかくらふぎ》をかつぎ出して「満州国」を建国させた。満州国は関東軍と日本人官僚によって支配された完全な傀儡《かいらい》国家だった。中国政府は国際連盟に提訴し、33年２月、国際連盟総会は日本軍の満州撤退勧告決議を行なった。これに対して日本政府は、国際連盟脱退を正式に宣言し、国際的に孤立する道を選んだ。

軍人たちは権力の獲得を目的に、盛んに政府要人を襲った。32年５月には政友会内閣の犬飼《いぬかい》毅《つよし》首相を射殺し（５・15事件）、政党政治は終わりを告げた。

36年２月、皇道派の１５００名の兵士が反乱を起こした（２・26事件）。クーデターは失敗に終わったが、軍部全体の政治的発言力は増大した。陸軍は統制派のリードするところとなり、軍部独裁体制を固めていった。

陸海軍の拡張計画が立てられ、37年の予算総額30億円のうち軍事費は14億円に達した。大増税を行い、公債を大量に発行するインフレ政策を強行し、国民生活にしわよせするファシズム政策を推し進めた。

敗戦と巨額の賠償金負担に悩まされたドイツは大恐慌の影響も深刻で革命的気運が高まったが、大資本家の支援を受けてナチスが台頭し、33年1月、ヒットラーが政権を握った。後進資本主義国家のイタリアもムッソリーニ率いるファシスト党が政権を握り、36年に日独防共協定、37年に日独伊三国防共協定が結ばれた。

日中・太平洋戦争

泥沼の日中戦争

1937（昭和12）年7月、日本軍は北京郊外で「中国軍が発砲した」と称して攻撃を加え、大量の派兵を行なって、中国に対する侵略戦争を開始した。日本軍の戦力動員に伴って中国側（蒋介石《しょうかいせき》政権）も積極的な軍事行動を行ない抵抗した。戦線は拡大し、南京を占領、20万人もの中国軍民の大虐殺事件を起こした。戦火はさらに広がり、長期の全面戦争に突入していった。蒋介石らの重慶政府は、大陸に利権をもつイギリス・アメリカからの援助を受けて徹底抗戦を行なった。11月には、宮中に「大本営」（戦時の天皇直属の最高統帥機関）が設置された。以後、日中戦争は「宣戦布告」なき「事変」として100万の大軍を中国大陸の奥深く送り続けることになった。補給を考えず、物資の多くは現地で略奪し、中国人の慰安婦を現地調達するという無法なものであった。

38年4月、日本政府は議会の強い反対を押し切って「国家総動員法」を定め、資本・資材・物価・賃金・施設から労働力までいっさいの統制と軍需産業への動員が可能となった。国民は日常の衣食にも配給制度がしかれ、重税と物価騰貴と公債割当てで苦しくなる一方であった。

39年5月、日露は満州国境のノモンハン地区で衝突を起こし、ソ連の猛攻撃を受けて敗退、多くの死傷者を出した（ノモンハン事件）。

第2次世界大戦

1939（昭和14）年8月、独ソ不可侵条約締結という事態を日本の政界は理解できなかったが、その直後の9月、ドイツはポーランドに侵攻した。イギリス・フランスはドイツに宣戦布告し、第2次世界大戦が始まった。初戦のドイツの圧倒的な勝利を見て、第2次近衛文麿《ふみまろ》内閣は、40年9月、日独伊三国同盟を結んだ。三国同盟の締結はアメリカ・イギリスを刺激し、対日禁輸が強化された。これに対抗して石油・鉄・ゴム・石炭などの資源を南方地域において確保しようとして打ち出した「大東亜共栄圏」の構想は、欧米に代わって日本の植民地的市場にしようとする意図を美化したものであった。

日本共産党以外の全政党が参加した「聖戦貫徹議員連盟」が結成され、政党の解散が進められ、戦争遂行のための協力組織「大政翼賛会」に合流した。首相が総裁であり、県知事が支部長となり、その末端には町内会・部落会からさらに隣組がつくられた。回覧板が回され、生活用品の配給、公債の割当て、物資の供出、防火訓練などをさせられた。

労働組合は解散させられ、大日本産業報国会となり、国に奉公する組織になっていった。家に帰れば大日本連合青年団、大日本婦人会、在郷軍人会など二重、三重に統制され、見動きできぬ状況におかれた。

太平洋戦争

1941（昭和16）年12月8日、日本は米・英に対する戦争を始めた。ハワイの真珠湾を奇襲してアメリカの太平洋艦隊に大損害を与え、さらにマレー沖でイギリス東洋艦隊を破って制空権・制海権を握り、翌年3月までに香港・マレー・ジャワ・スマトラ・ボルネオ・フィリピン・ビルマなどを占領し、予期以上の勝利を収めた。しかし、この勝利は少数の植民地守備隊への不意討ちの勝利であり、アメリカはまだ本腰を入れていなかった。日本軍はさらに南進し占領地域を広げたが、42年6月～8月、ミッドウエーとガダルカナルにおける敗北以後、戦局は大きく転換し、日米間の戦力比は完全に逆転、アメリカとの戦力格差が急速に拡大した。しかし、大本営報道部は、敗北を国民に知られることを恐れて、撤退は「転進」と表現し、味方の損害を過小に、敵の損害を過大に報道する「大本営発表」がなされていった。

同じ頃、ヨーロッパでも戦局の大きな転換が始まっていた。東部戦線では43年2月にドイツ軍がソ連軍に降伏し、以後、ソ連軍の本格的反撃が始まった。また、連合軍はイタリアに上陸し、９月にイタリアは無条件降伏した。

45年2月、クリミア半島のヤルタで、ソ連のスターリン、イギリスのチャーチル、アメリカのルーズベルトの3巨頭が会談し、ソ連が対独戦終了後3カ月以内に対日戦参加を約束し、その代償として樺太・千島列島をソ連領とし、旅順・大連・満鉄などの権利をソ連に与えるというヤルタ密約が結ばれた。

この年5月、ドイツは無条件降伏を行なった。ちょうど沖縄で死闘が繰り広げられている最中であった。やがて軍人10万人、民間人15万人の犠牲を出して沖縄が失われた。

7月にはアメリカ・イギリス・中国の3国の名において日本に無条件降伏を勧告するポツダム宣言が発せられた。アメリカは、ソ連の対日参戦による極東における勢力拡大を防ぐために、8月6日に広島に、９日には長崎に原子爆弾を投下した。９日にはソ連が日本に宣戦布告し、満州になだれ込んだ。関東軍はすでに大部分が姿を消しており、民間人が多く残され、悲惨な生活を余儀なくされた。

8月14日にポツダム宣言の受諾を最終決定し、天皇は翌15日にラジオ放送を通じて国民に敗戦を伝えた。

絶望的抗戦による戦死者

１９４４（昭和19）年６月以降、日本の敗北は決定的となった。アジア・太平洋戦争期の戦死者１７５万１４００名の過半数がこの時期に戦死したと推定される。もう一つの特徴は、餓死・海没死・特攻死が多いことである。日中戦争以降の全戦死者約２３０万名の約60％が餓死者であると推定されている。特攻死は、爆弾を積んだ航空機や魚雷などで敵の艦隊に体当たりする特攻隊の戦死者のことである。日本軍の非人間的体質がよくあらわれている。

42年に始まる都市への空襲は、44年11月から本格化し、敗戦までの９カ月半の間に飛来したＢ29は延べ１万７５００機、投下した爆弾16万トン、被災者９２０万人、死者35万人、負傷者42万人、全焼家屋数は２２１万戸にものぼった。

原爆によって、広島では45年12月末までに７万８０００人、長崎では２万４０００人が死亡したと推定されている。戦死者数は、軍人・軍属と民間人を合わせて日中戦争以降、約３１０万人が犠牲になったといわれる。日本が被害を与えたアジア諸国では、２０００万人以上が死亡したといわれており、日本の戦争責任は重い。

45年10月に廃止されるまでの20年間に治安維持法による逮捕者数十万人、送検された人約７万１０００人、虐殺された人90人、獄死１６００人余、実刑５１６２人にのぼる多くの人々が、暗黒政治の犠牲者となった。こうした弾圧にもかかわらず、死を覚悟してでも絶対主義的天皇制と侵略戦争に反対し、主権在民の旗を掲げ続けた人たち、日本共産党員や同調者たちの不屈の闘いは誇るべき遺産であり、日本の誇りである。もし、この人たちの力を存分に発揮する場が得られていたら……と惜しまれてならない。

一方、昭和天皇が権力者として、軍の最高責任者として、侵略戦争の拡大に積極的に関与し、敗戦が予想される45年になっても戦争継続に固執したことは残念でならない。３月の東京大空襲も、５月の沖縄戦も、８月の原爆投下も、すべて45年の出来事である。天皇と軍部が国民の生命、財産よりも「国体（天皇制）」を最優先させて終戦を遅らせたことの責任は極めて重大であると言わねばならない。

手厚い傷痍軍人援護

軍人・軍属に対する援護は、明治以降一貫して国の積極的な意図のもとに進められた。日清・日露戦争以降、廃兵院法（１９０６年）、軍人救護法（17年）、恩給法（23年）、入営者職業保障法（31年）等により、傷痍軍人対策はすべて国の財政支援と地方行政の協力によって強力に進められた。１９３７（昭和12）年に軍人救護法と救護法は改正され、戦時下で軍人救護法の受給者は２００万人を越す時期もあった。一方、一般の救護法の受給者は10万人前後であった。

38年、軍事保護院の設置により、障害を負った軍人・軍属に対しては、医療、補装具、さまざまな訓練、職業補導、生活援護など、精神的激励から社会復帰までの一連の施策が強力に実施された。例えば、国鉄または私鉄に無料または割引で乗車することができ、租税の減免や負債処理についての便法、子女の育英にかかわる学費補給等も行われていた。

38年には傷兵保護院事業の一環として失明傷痍軍人寮や失明傷痍軍人教育所（東京盲学校内）が設置され、岩橋武夫が点字出版や新職業開拓を試みていたライトハウスは41年には愛盲会館、43年には失明軍人会館と改称され、失明傷痍軍人の更生援護が中心となった。戦闘機「日本盲人号」献納運動などの盲人団体の運動もなされた。

人間扱いされない中で

手と足をもいだ丸太にしてかへし

万歳とあげて行った手を大陸へおいて来た

鶴彬《つるあきら》は川柳で痛烈に戦争を批判し、弾圧され、29歳の若さで亡くなった。

「丸太」といえば、関東軍の中の731部隊が行なった人体実験の材料のために捕えられた中国人らが「丸太」と呼ばれたことが思い起こされる。3000人以上の人が生きたまま細菌兵器の研究のために人体実験して殺されたという。

旧・国府台《こうのだい》陸軍病院に入院した精神障害・知的障害兵士について、ＮＨＫが何度か報道した番組も驚くべき内容のものだった。２０１８年８月、ＥＴＶ特集「隠されたトラウマ〜精神障害兵士８０００人の記録」（前編）が放映された。そして11月には前編後編をまとめてＢＳ１スペシャル「隠された日本兵のトラウマ〜陸軍病院８００２人の〝病床日誌〟〜」として放映された。その梗概は次のように記している。

> 日中戦争から太平洋戦争の時代、精神障害兵士が送られた国府台陸軍病院。密かに保管された８００２人の「病床日記（カルテ）」が研究者によって分析され、日本兵の戦時トラウマの全貌が明らかになった。戦場の衝撃に加え、精神主義による制裁や住民への加害の罪悪感が発病につながっていたことが判明した。番組では発病地の多い中国での治安戦の実態を取材。戦後も社会復帰を拒まれた兵士と、その家族の姿をカルテをもとに追跡する。浮かび上がってきたのは戦争が終わっても続く「暴力の連鎖」だった。

支配層は敗戦になると、軍事関係の資料を全て焼却し、証拠隠滅をはかろうとしたが、それでも良心的な人が密かに隠し通した。戦争の真実を明らかにして後世に伝えていくことは極めて重要である。

戦争は大量の障害者をつくり出した。その中には、原爆後遺症に苦しんでいる人、胎内被爆で「小頭症」と呼ばれる重度の知的障害になった人もいる。

戦時中の子どもと生活

1933（昭和8）年から使用された教科書の小学1年生用の巻一のはじめは、「サイタ　サイタ　サクラガサイタ」に続いて「ススメ　ススメ　ヘイタイススメ」になった。愛国の精神を湧き立たせ、より直接的に児童を軍隊に結びつけようとする努力がみられる。

37年7月の日中戦争開始後、日本の国民と教育全体を戦争へと動員したのが「国民精神総動員運動」であった。健康増進運動がはかられ、以後「体力」の国家管理が強まり、その結果、後半期は「特殊児童」の中でも身体虚弱児の教育が重要課題となった。また、教育審議会の設置によって、「高度国防国家」建設のための戦時教育改革が進められた。教育の根本理念を「皇国ノ道」におき、皇国民の「錬成」を教育の目的とした。子どもたちは年少とはいえ皇国民の一員として「少国民」と呼ばれた。天皇を賛美する精神を植え付け、日中戦争を「聖戦」と信じ込ませるために、教育勅語の「奉読」や「君が代斉唱」、「御真影」（天皇・皇后の写真）への最敬礼などといった儀式が積極的に行われた。

さらに、38年4月公布の「国家総動員法」によって、「聖戦」遂行のための「人的資源の確保」

が叫ばれたことにより、盲・聾教育の関係者は盲・聾児就学義務制運動を展開したが、成功しなかった。

41年3月には「国民学校令」が公布された。教科は国民科、理数科、体錬科、芸能科、実業科（高等科のみ）の5種類で、国民科では、修身・国語・国史・地理の学習を通じて、天皇賛美の精神が教え込まれた。体錬科は単なる体力増進ではなく、「天皇のために身をささげる」ためのものであり、武道は多くの場合、体罰を伴っていた。

41年4月からは、6大都市で主食の米の配給制度が始まり、大人1人1日当たり2合3勺《しゃく》に設定され、以後全国に拡大し、麦・いも類・雑穀などの混入が増えていった。42年2月からは、衣料品・味噌・醤油が、11月からは青果物も配給制に移行した。配給物だけで生きていくのは不可能であり、闇取引で食料品を購入してかろうじて食生活を維持せざるを得なくなっていった。昭和恐慌時には失業・貧困家庭において多産の負担は大きかったため、産児制限により人口抑制されたが、日中戦争以降、戦争遂行のための「人的資源」確保をめざして「産メヨ増ヤセヨ」が盛んに言われた。徐々に衣料も乏しくなり、スフと呼ばれるパルプを化学処理した、もろい人造繊維が混用された。

学校では、戦地の兵隊さんのことを思って手紙を書き、慰問袋に入れることが奨励された。そして「欲しがりません勝つまでは」が国民の決意の標語となった。

教育の崩壊

戦前の日本も多くの「子ども兵」を抱えていた。海軍は1930（昭和5）年に予科練（志願年齢15～19歳の飛行予科練習生制度）を、陸軍は34年に陸軍少年飛行兵制度（志願年齢14～17歳）を創設していた。注目すべきは、特攻隊員の中に多くの少年兵が含まれていたことである。

戦局の悪化とともに、修業年限の短縮、徴兵猶予の廃止、学徒出陣、勤労動員、学童疎開などの政策が実施された。中学校以上の生徒は「学徒動員」として軍需工場や土木工事で働かされ、先生は現場監督となった。未婚の女子は「女子挺身隊」にとられ、文科系大学生の兵役延期も止められて、「学徒出陣」で兵隊にとられていった。

都市に住む子どもたちの生活を大きく変えたのは、44（昭和19）年8月から始まった学童疎開である。強制ではないが、国民学校（小学校は41年から47年までこの名称）の初等科3年生から6年生までの児童に強く勧められた。学童疎開は今後の貴重な兵力・労働力としての子どもを空襲から守るためであった。疎開先は全国で7000カ所、疎開学童数は46万人にのぼった。

学童疎開の対象にならない国民学校高等科の生徒は、学徒動員にかり出された。青年たちは軍事体制に取り込まれ、十分な学校教育を受ける機会を失っただけでなく、命をかけて戦争の犠牲になっていった。戦争に子どもたちを加担させた教育の責任は、戦争政策に抗しがたかった事情があるとはいえ、消えることはない。

戦時下の障害児・者

１９４１（昭和16）年3月の国民学校令の制定によって、盲・聾児以外の特殊教育機関が「養護学校」「養護学級」という名称で初めて教育法規上に登場した。障害児の中で将来「人的資源」として「聖戦」遂行に貢献が期待される者は教育の対象となり優遇され、そうでない者は排除された。以後「養護学級」が急増していった。

「不具」「片輪」の蔑称《べっしょう》などに代えて「肢体不自由」の名称を提唱した高木憲次整形外科医は、42年にようやく入院児のための教育をめざして整肢療護園を誕生させ、肢体不自由児の父と呼ばれたが、戦局の悪化で意図した活動はできなかった。

戦時下の障害者は、40年制定の「国民優生法」と「人口政策確立要綱」（41年）にみる優生主義的人口政策のもとで遺伝性を極度に強調され、日本民族の質を低下させる元凶とみなされ、約30万人が断種の対象として算定された。

41年当時、傷痍軍人の結核療養所では死亡した患者の埋葬費は34円50銭支給されていたが、同じ国立でもハンセン病患者の場合はわずか1円50銭と23倍もの大きな差があった。

盲・聾学校生徒は学徒動員の対象になった。盲学校中等部の生徒たちは陸軍病院などへの鍼灸按摩の奉仕治療に、弱視の生徒や聾唖学校の生徒たちも軍需工場へ動員されることで、自分たちは「御国の役に立っている」という意識をもつことができた。太平洋戦争期には、盲の生徒や卒業生が「海軍技療手」（マッサージ）もしくは「陸軍技療手」になり、戦場におもむいて戦死した人も出た。しかし、基本的に障害児・者は戦争に役立たない者とみなされて「非国民」「穀つぶし」と蔑《さげす》まれ、人間としての尊厳を極度におびやかされた。

担任教師たちの応召で特別学級の休止も増え、学童疎開を余儀なくされるとともに、障害児学校・障害者施設の多くが空襲の被害に遭った。高知県立盲唖学校が疎開したのは敗戦の1カ月前、徳島盲唖学校が疎開を始めたのはわずか14日前であった。

東京では44年3月に学童疎開の指示が出され、一般校の児童は行政が用意した疎開先に移れたが、肢体不自由校の光明学校は校長自らが疎開先の確保に奔走しなければならなかった。45年5月、集団疎開して10日後に空襲に遭い、校舎は焼失した。敗戦後、一般校の引き揚げは翌年5月までに終了したが、光明学校が引き揚げたのは49年5月、疎開開始から、丸4年が経っていた。

このように、戦争は、多くの犠牲者と新たな障害者を生み出すとともに、これまでの取り組みと運動で得た貴重な成果と遺産に計り知れない甚大な被害と打撃を与えることになったのである。

第３章

新憲法から朝鮮戦争を経て安保改定へ

占領軍のもとでの民主化と政策転換

民主化と日本国憲法の制定

戦後の日本は連合国軍の占領下におかれ、連合国軍最高司令官マッカーサーが日本政府に指令・勧告を発し、それにもとづいて日本政府が実際の政治を行うという間接統治の形式をとった。連合国軍の共同占領という形をとりながらも、事実上は米軍の単独占領であった。総司令部（ＧＨＱ）は、極東委員会（在ワシントン、連合国よりなる）の定める基本方針にしたがい、また、対日理事会（在東京、米英中ソ）を諮問機関とする形式をとったが、実質はアメリカの占領下におかれたといってよいものであった。

アメリカの当初の対日占領政策は、日本の非軍国主義化と民主化を基本方針とし、軍隊の武装解除、復員、戦争犯罪人の逮捕がまず行われた。幣原《しではら》喜重郎《きじゅうろう》内閣に対し、５大改革指令を出した。①婦人の解放、②労働組合の結成、③教育の自由主義化、④司法警察制度の改革、⑤経済機構の民主化。これに対し、日本政府は実施過程でなるべく骨抜きをはかる方針をとった。

１９４６（昭和21）年元旦に、天皇は神ではなく人間であるという天皇の「人間宣言」が出された。天皇の戦争責任を追及するよりむしろ天皇を利用した方が占領政策をやりやすくなると判断したことを示している。これと共に軍国主義者の公職追放令と右翼団体の解散、東条英機らの戦犯に対する極東軍事裁判が行われた。

戦争経済で莫大な利益をあげた財閥は、敗戦後も軍需物資の払い下げを受け、さらに利益をあげた。ＧＨＱは財閥の資産凍結や解体指令を出し、独占的企業を防ぐため、47年、独占禁止法及び過度経済力集中排除法を公布したが、実施段階に入ると、政府による実施の延期・緩和や内外の情勢変化による占領政策の転換によって、不徹底な内容になってしまった。銀行が財閥復興の推進力となり系列化され、日本経済の対米従属化と軍事化のための役割を果たす結果となった。

農地改革によって自作地は全耕地の87％に拡大され、小作人を使ってきた地主は決定的な打撃を受けたが、山林は農地解放の対象から除かれたため、山林地主は依然として大きな地位を農村に占めた。

戦後の激しいインフレーションによって極端に窮乏していた労働者に対して、労働組合法・

労働関係調整法・労働基準法の労働3法が次々に制定された。労働者の団結権・団体交渉権・争議権が保障されたため、労働組合の組織はすさまじい勢いで広がっていった。

政党もいっせいに復活した。日本共産党が初めて公然と活動を開始し、日本社会党、自由党、進歩党も結成された。婦人は初めて選挙権をもつようになり、46年4月の総選挙では39人の婦人代議士が誕生した。

第1党になった自由党総裁吉田茂内閣のもとで、憲法改正案が国会に提出された。政府がつくった改正案は、明治憲法の原則をそのままにして若干手直ししたものであったので、GHQは満足せず、民間の研究団体の憲法案などを参考にしながら草案をつくって日本政府に交付した。これにもとづいて作成された政府案が国会を通り、46年11月3日に交付された（施行は47年5月3日）。新憲法は戦争への惨禍への反省に立って、国民主権・基本的人権の尊重・戦争の放棄の基本原則を明確にした画期的なものであった。民法では家父長制的だった家族制度が改正された。行政組織・地方制度なども次々と改められ、官吏は天皇の官吏から国民に奉仕する公務員に改められたが、官尊民卑の風習は根強く残った。

「冷たい戦争」と占領政策の転換

第2次大戦末期、ファシズム勢力が没落すると、反ファシズムで共同して戦った資本主義国と共産主義体制の国家勢力の対立は再び深まり、アメリカはソ連との対立姿勢を強めた。いわゆる「冷たい戦争」である。戦闘を伴わない戦争状態が深刻になった。アメリカは対日政策を見直し、日本を反共のための防波堤にすることをめざし、経済力を復活強化して再軍備を進める方向に転換した。

激しい悪性インフレーションが進行し、政府はその抑制のため、1946（昭和21）年2月、金融緊急措置令を発して預金封鎖という思い切った手段をとったが、抑えきれなかった。このインフレ下の低賃金や食糧難に悩む労働者は、米よこせデモを行い、ストライキを起こしていった。その頂点は、教員、全逓《てい》、国鉄など官公労156万人を結集した全官庁共同闘争委員会（共闘）の47年2月1日を期しての全国一斉のゼネラル・ストライキ（2・1スト）であった。しかし、スト突入直前にマッカーサーの中止命令が下り、労働運動に大きな打撃を与えた。

47年4月の総選挙の結果、社会党が初めて第1党となり、社会・民主・国民協同党の3党連立による片山哲《てつ》内閣が成立した。このあとの同じく3党連立による民主党の芦田均《ひとし》内閣（48年3月）とともに中道内閣と呼ばれ、転換期にある占領政策に協調した政治を推し進め、争議の抑制、公職追放の解除や戦犯裁判の早期終結などがなされていった。10月に成立した第2次吉田内閣は、ドッジ・ラインを実施に移し、予算支出の大幅削減、新規融資の停止、賃金の抑制、1ドル＝360円の単一為替ルートの設定などによって、インフレを急速に収束させた。公務員27万人の整理や約60万人のうち10万人を解雇する国鉄の大量の人員整理は、労働者の激しい抵抗を呼び起こした。49年は、下山事件、三鷹事件、松川事件という謎の鉄道事件が相次いだ。政府は共産党の弾圧や労働運動の規制に乗り出し、「逆コース」が始まった。

戦後の教育改革と逆コースの動き

ＧＨＱは教育の徹底的な民主化をはかり、国家神道の禁止、修身・日本歴史・地理教育が禁止され、軍国主義的内容の教科書は墨で塗りつぶされた。ついでアメリカ教育使節団は、新しい教育は個人の価値と尊厳の承認を基本理念とし、個人の能力と適性に応じて教育機会を与えるという教育の機会均等を基本原理として、教育内容及び制度にわたり全面的な改変を勧告した。具体的には、①教育内容・方法に対する生徒及び教師の大幅な自由の承認、②文部省権限の縮小と視学制度の廃止及び教育委員会制度の創設、③６・３・３制の単線型学校体系による授業料無償・男女共学の９年制義務教育制度など。

１９４７（昭和22）年３月に公布された教育基本法は、憲法の精神を教育の理念、原則に生かし、「平和な国家の形成者」としての「国民の育成」を行うことを教育の目標に掲げた。

新憲法、教育基本法とともに学校教育法が制定され、民主主義教育の原則が明確に示された。①国民の権利としての教育、②学問の自由の保障、③教育の機会均等、平等無差別の原則、④

教育の地方分権制の確立、⑤教員の団結権の保障である。

こうした取り組みの推進役を担ったのは、「教育刷新委員会」（委員長・安倍能成《よししげ》）であった。この委員会は自主的・自立的な立場で占領軍に協力する内閣直属の機関として設置されたものであるが、52年に廃止されるまで約6年間、積極的に建議を行なった。

新憲法が公布されて10カ月の47年8月、「あたらしい憲法のはなし」が文部省によって全国の中学1年生の教科書として発行された。


〈戦争の放棄〉

こんどの憲法では、日本の国が、けっして二度と戦争をしないように、二つのことをきめました。その一つは、兵隊も軍艦も飛行機も、およそ軍隊も戦争をするためのものは、いっさいもたないということです。これからさき日本には、陸軍も海軍も空軍もないのです。…

もう一つは、よその国と争いごとがおこったとき、けっして戦争によって、相手をまかして、じぶんだけのいいぶんをとおそうとしないことをきめたのです。…

みなさん、あのおそろしい戦争が、二度とおこらないように、また戦争を二度とおこさないようにいたしましょう。

47年3月には「学習指導要領一般編―試案―」が手引書として発行された。最も大きな特色は社会科の誕生である。これは旧来の修身（公民）、日本歴史、地理に代わって新たに設置されたもので、その任務は「青少年に社会生活を理解させ、その進展に力を致す態度や能力を養成する」ことにあった。これに対して、戦後初めて結成された教育研究組織、民主主義教育研究会（民教）は、アメリカ流の生活経験主義と批判し、科学的系統的知識の重視を主張した。

4月から新学制による小学校・中学校が、翌48年4月からは総合制、男女共学制、小学区制の3原則にもとづく新制高校が発足した。新制中学校の多くは、小学校に併置されたり、独立校舎をもたないまま授業を開始した。二部授業や三部授業を行なったり、俗にいう「青空教室」や「すし詰め教室」も多く存在した。

46年秋ごろから教師の最低生活権確保の闘いは、全官公労働者の共同闘争に結集し、歴史的な2・1ストはマッカーサーの中止命令によって切り崩されたとはいえ、公務員労働者の労働条件の改善と労働戦線の統一に画期的な前進をもたらした。全日本教員組合協議会（全教協）は団体交渉権の承認を原則にした「労働協約」を締結し、教員組合史上初めて労働基本権を獲得した。

47年6月、日本教職員組合（日教組）が結成され、11月には、「六三制完全実施促進国民大会」を開催して教育復興運動を盛り上げた。教員組合の立場からの「教育白書」が発表された。翌年6月には中央44団体の参加による「中央教育復興会議」が発足した。

教育勅語については、戦前・戦中において徳育の大本ともされてきただけに、それを失効させるのに大きな抵抗を受けた。48年6月、ようやく国会で廃止が確認された。

7月、教育の中央統制の弊害をなくすため、選挙制による教育委員会が設置され、教育の公共性・中立性・地方分権制が実現した。

国鉄・全逓などに集中された「レッドパージ」（共産党員とその同調者を公職・企業などから追放する）の嵐は、教育を反共主義的に組み替えようとするアメリカと日本の支配層の意図とが結びついて教育界を襲い、全国で1700人にのぼる教員がレッドパージされ、職場を追われ、組合からも排除された。

盲・聾教育の義務制と就学猶予・免除制度

1946（昭和21）年、教育基本法や学校教育法に向けての論議の中で、障害児の教育権保障や就学義務などの検討もなされた。しかし、盲・聾・養護学校義務制の「施行期日は政令で定める」として、重大な抜け道が用意されていた。

46年2月、全国聾唖学校連盟が労働組合として結成され、翌年3月に結成された全国盲学校教員組合とともに、日教組に加入し、特殊学校部を形成した。盲・聾教育界は、日教組特殊学校部とともに戦前からの盲聾教育義務制運動を継承し、運動を展開していった。

６・３制の義務教育制度が発足して１年遅れの48年４月から、盲・聾学校の義務制が小学部１年より逐年で実施され、56年の中学部３年でようやく完成した。なお、従来聾唖学校と称してきた名称を、この時から「聾学校」と改めた。

ところが、学校教育法では、盲、聾、精神薄弱、肢体不自由、病弱者が義務教育の対象として明文化されながら、実際に義務制が実施されたのは、盲学校と聾学校のみで、養護学校の義務制は「施行期日は政令で定める」として、その実施は見送られた。養護学校に類する学校が現実に皆無に近かったという事情もあるが、それ以後も養護学校の設置は遅々として進まなかった。

また、この義務制延期と関連して就学猶予・免除規定が「病弱、発育不全その他やむを得ない事由のため、就学困難」な場合というふうに、就学猶予と免除の区別や対象もあいまいなまま残されてしまった。戦前においては市町村などの権限で就学を猶予、免除させ得たのが、戦後は保護者の願い出によって行われることになったという違いはあるものの、実際には医師、児童相談所、学校などでの判定によって、障害の重い子、重複している子の多くは教育を受けることができなかった。したがって、養護学校や特殊学級はほとんどつくられず、民間の篤志家による社会福祉事業として、精神薄弱児の施設が各地でつくられていった。

46年に制定された児童福祉法によって、精神薄弱児、肢体不自由児への施設保護の体制が整えられていった。

精神薄弱児・肢体不自由児の教育保障運動

義務制が延期された養護学校の対象である精神薄弱児・肢体不自由児たちの学校建設は進まず、特殊学級もわずかであり、大部分が家族の負担のもとに放置されていた。障害の重い子どもは親が就学猶予・免除の手続きを願い出るという形で強いられ（障害児施設に入所する場合もそれが条件とされた）、学校教育から排除されていた。

1946（昭和21）年11月、糸賀一雄らが戦災孤児と共に精神薄弱児も含めて創設した近江学園は、次第に精神薄弱児の施設になり、公立になり、成人の施設もつくられていく。福祉、教育、労働の連携をもとに優れた実践と研究から発達保障の理論が生み出された。

肢体不自由児関係の親や教育・医療などの関係者が集まり、48年には日本肢体不自由児協会が結成された。

精神薄弱児教育の分野では、特殊教育研究連盟がつくられ（48年）、啓もうや実践のための出版活動を行なった。特殊学級に通う子をもつ3人の親たちの呼びかけで始まった運動で、52年7月、全国精神薄弱児育成会（手をつなぐ親の会）ができた。

同年、日教組特殊学校部・全国盲聾学校校長会・盲聾校ＰＴＡ協会共催で「第1回盲聾児就学奨励法制定貫徹大会」が開かれた。

52年8月、文部省初等中等教育局に特殊教育室が設置された。

53年度から、盲聾学校小学部1年教科書が無償になった。

53年7月には、中央教育審議会（中教審）が「義務教育に関する答申」で「盲、聾、精神薄弱、し体不自由、身体虚弱な者たちのための特殊教育を一段と振興することが望ましい」とした。長崎県佐世保市郊外の小学校長をしていた近藤益男《えきお》は校長職を辞し、特殊学級の担任になるが、生活教育のため寮をつくり、53年11月から家族ぐるみで移り住んで精神薄弱児の施設「のぎく寮」を開いた。

54年4月、昇地《しょうち》三郎は脳性まひ児の施設「しいのみ学園」を開設し、地域の小・中学校の特殊学級を施設内に設置した。

就学奨励法と全点協運動

待望の盲・聾学校の義務制は実現しても、その就学率は依然として低かった（盲児は20％、聾児は40％程度）。就学させるとなると直ちに当面するのが「経済」の問題だった。就学すべき学校が少ないことから遠距離通学のための交通費や付添人の交通費、寄宿舎に入寮すればその費用など、保護者は大きな経済的負担を負わなければならなかった。

1954(昭和29)年6月、「盲学校、聾学校及び養護学校への就学奨励に関する法律」が制定されたが、要求内容を狭く限定したものであった。保護者の負担能力に応じて教科用図書の購入、学校給食費、通学又は帰省に要する交通費、寄宿舎費などが補助された。小・中学部の児童・生徒が中心で、義務教育ではない幼稚部と高等部には適用されなかった。

54年12月、中教審は「特殊教育およびへき地教育振興に関する答申」において、盲児と聾児の就学率の低調と、それ以外の障害児について教育の具体的な施策がほとんど講じられていない状態を指摘した。そして、盲学校・聾学校については、幼稚部・高等部への就学奨励・施設費補助等の措置を講ずることなどを勧告した。

その翌年の55年、東京教育大付属盲学校高等部の生徒を中心に、点字教科書確保・改善を求める運動が起こった。全国の盲学校の生徒たちとともに、就学奨励法の高等部への適用、国立点字出版所設立を主な要求とする「全国盲学校生徒点字教科書問題改善促進協議会(全点協)」を結成し、政府・文部省への積極的働きかけを行なった。その結果、高等部教科書無償配布を引き出した。生徒自らが主体となって全国的な運動を組織したという点で、画期的である。その間の事情が次のような記録に残されている。

「…『せめてひとそろいの教科書を』と、そのうぶ声をあげ、約1年間にわたったわれわれ盲学校の生徒の全点協は、折から国会において問題にされていた普通字教科書出版界のいざこざ――教科書の種類が多すぎるためにおこった――に刺激された。しかしわれわれの場合、点字書の種類は皆無にひとしく、教科書のない科目の方がむしろ多かったし、加えて値段は高く、内容は古く点字記号は不統一といった状態でもあった。そこでこうした諸点を何とか改善しなければいけないというわれわれの心からの叫びが、若ものたちの意気と情熱に支えられ、くりひろげられた運動でもある。…」

（全点協記録・序文より）

私は49年に大学を卒業して、大阪市立盲学校の高等部の教員になったので、これからのことは自分の体験を交えて時折記述することにする。

校舎は大阪市内の中心部、商社街の中にあったが、空襲で焼け残った元女学校の校舎の間借りで、あちこち雨漏りしていた。就学率を上げるため、教員が手分けして未就学児のいる家庭を訪問し、就学勧誘を行なっていた。しかし、これは本来教育行政がやるべき仕事ではないか、教員は教育の本務に徹するべきではないかと問題提起し、役所に返上することができた。全点協運動では、高等部生徒の街頭署名運動に同行して協力した。大阪市特殊学校教職員組合（市特教）に加入し、執行役員になり、教育白書で劣悪な教育条件や労働条件の改善を訴える資料づくりをしたり、当時、寄宿舎寮母は週144時間拘束勤務では結婚もできない、泊まりのない日を週1回は確保したいという要求で運動し、少しずつ改善させることもできた。

多様な障害児の教育保障

1956（昭和31）年、義務教育と同様の国庫補助を行うことを目的とした公立養護学校整備特別措置法が成立した。翌年から養護学校への国庫補助、特殊学級への開設補助がなされるようになった。

この時期には、精神薄弱以外の新しい特殊学級が創設された。52年、「言語障害児の教育」開始（仙台市立通町小学校）、58年に「ことばの教室」となる。59年、岡山市立内山下小学校「難聴学級」。63年、大阪市立本田小学校「弱視学級」など。

59年、全国肢体不自由養護学校義務設置促進大会が開催された。

60年、肢体不自由養護学校増設5カ年計画が開始された。

61年には日本で最初の重症心身障害児施設である「島田療育園」が東京に設立され、63年には医療と教育を統一させた重症児の施設として「びわこ学園」が設立された。

これまで教育不能とみなされてきた重症児の発達の可能性が確信され、教育・発達への権利保障が進められていった。

身体障害者の福祉と労働

戦後になると、軍人のみが優遇された戦時中とは一変した。ＧＨＱは占領政策の基本を無差別平等の原則の実行におき、国民の生活困難に対する方策を生活保護法（１９４８年）においていた。戦前の特権的傷痍軍人対策はすべて禁止された。路頭に迷う傷痍軍人たちは白衣を着て街頭募金を行なった。なかには悪質な偽の募金者も出現した。

１９４９（昭和24）年末にやっと身体障害者福祉法が公布された。それは「社会の役に立つ可能性がある」障害者を自立更生させるためのもので、対象とされる障害の種類は、視覚、聴覚、言語機能、肢体不自由、中枢神経機能障害に限定され、他の内部障害、精神薄弱、精神障害などは放置されていた。職業復帰のための施策が中心で、多くの障害者がこの法律の対象から除外されていた。

52年に労働省が実施した事業所調査では、身体障害者の雇用率は０・95％、官公庁全体では０・８％という低さだった。

精神障害者・精神薄弱者の福祉と労働

１９４７（昭和22）年制定の労働基準法では、精神障害がある場合は、就業を禁止し、他方で、必要なリハビリテーションや労働教育の条件を全く整えようとはしなかった。最低賃金法からの適用除外にとどまらず、各種の資格や免許取得に際しても絶対的欠格条項として扱われた。精神病院にいたというだけで就職ができなかったり、入院するだけで解雇されたりした。

50年に制定された「精神衛生法」は、精神障害者の医療のためより、予防（優生手術の是認）、精神障害者の隔離により国民の精神的健康の保持、向上をはかるというもので、肝心の精神衛生については、精神衛生相談所の規定を設けたのみであった。

57年の児童福祉法の一部改正では、国立の精神薄弱児施設入所児は年齢による制限を撤廃する措置がとられただけで、精神薄弱児施設の年齢超過児は年々増えるばかりになり、18歳以上の援護制度は未確定のままだった。60年の「精神薄弱者福祉法」の制定でようやく必要な指導訓練をする精神薄弱者援護施設への入所と職親への委託などが盛られた。

58年に制定され、翌年から施行された職業訓練法も、最初から精神薄弱者の職業訓練には予算がつかなかった。

59年には最低賃金法が制定されたが、その第8条で「精神又は身体の障害により著しく労働能力の低い者」を「適用除外」するとした。それ以来、改善されず、救済措置もないまま、解雇に制限もなく、低賃金で労働条件が改善されないままであった。

日米安保体制の形成

朝鮮戦争を契機に再軍備

アジアでは民族独立運動が盛んになり、次々と独立国が生まれた。さらに中国では内戦が起こり、中国共産党軍が国民党軍を破り、１９４９（昭和24）年10月、中華人民共和国が成立した。翌50年６月、朝鮮民主主義人民共和国（北朝鮮）の軍隊が、大韓民国（韓国）に侵攻を開始した。国連安全保障理事会緊急会議が開かれ、米軍を中心とした国連軍が出動し、日本は米軍の出撃・兵站《へいたん》基地として大きな役割を果たした。

アメリカは朝鮮での軍事的劣勢を挽回するため、日本の再軍備を促し、日本政府に警察予備隊という名で、７万５０００人の事実上の軍隊の創設を指示した。この予備隊は52年には保安隊、54年には自衛隊と呼ばれるようになり、実質的に再軍備が進められた。朝鮮では激しい戦闘の末、53年７月に休戦協定が締結された。

吉田茂内閣は、共産党員や支持者を公職や民間企業から罷免・解雇するレッドパージを行い、他方で戦争責任を問われて追放されていた人々を解除していった。

サンフランシスコ講和条約と「55年体制」

１９５１（昭和26）年９月にサンフランシスコで講和会議が開かれ、48カ国との多数講和が実現したが、中国は招かれず、インド・ビルマ・ユーゴスラビアは招かれたが参加せず、ソ連・

チェコスロバキア・ポーランドは出席したが調印しないという変則的な講和条約であった。国内世論は単独講和（多数講和）と全面講和とに主張が分裂した。

日本は講和条約のひきかえに押しつけられた日米安全保障条約に同意したため、連合国の占領軍がアメリカの駐留軍と名が変わっただけで、基地は継続使用されることになり、日本はアメリカの軍事戦略に大きな貢献を余儀なくされた。にもかかわらず、アメリカ側には日本防衛の義務はなく、米軍が日本の安全に直接関係のない遠隔地での軍事行動に日本の基地を利用することが可能になった。沖縄の施政権は引き続きアメリカが掌握し、巨大な軍事基地が建設されていった。

翌52年2月に結ばれた日米行政協定（国会の承認を必要としない）で、米軍軍事基地提供の義務を中心とした治外法権や関税の免除などの特権を与え、駐留軍の費用を分担するとされた。同年7月、治安維持法の復活を思わせる破壊活動防止法が成立した。52年のメーデーには軍事基地化反対のスローガンのもと、デモ隊の一部が皇居前広場に突入し、武装警官と流血の衝突となった（血のメーデー事件）。

53年には石川県内灘を始めとする基地反対闘争、翌年にはビキニ水爆実験による第五福竜丸被災を契機にした原水爆禁止運動が発展し始めた。超党派の署名運動が展開され、55年8月の第1回原水爆禁止世界大会の開催につながった。

54年３月には日米相互防衛援助協定（ＭＳＡ協定）が結ばれて、日本は防衛力すなわち再軍備を強化する義務を負うことになった。同年６月には防衛庁設置法・自衛隊法が公布され、陸海空軍の自衛隊が発足した。

55年、自由党と民主党の合同（保守合同）によって、自由民主党（自民党）が結成された。自民党は再軍備と憲法改正、治安体制の強化、反共主義と日米安保条約の再編強化を基本目的としていた。一方、左派と右派に分裂していた社会党も統一し、「２大政党制」が生まれた。「55年体制」と呼ばれている。自民党政権のもとで教育、治安などでの「逆コース」が進み、再軍備が本格化する。

56年、鳩山一郎内閣は日ソ国交回復・日中貿易の改善に乗り出し、10月、日ソ国交回復に関する共同宣言に調印、12月には国連総会で、日本の国連加盟が可決された。

軍人恩給の復活と国民年金

サンフランシスコ講和条約発効と前後して、１９５２（昭和27）年には戦傷病者・戦没者遺族等援護法が成立し、さらに恩給法の改正により軍人恩給が復活した。これによってすべての障害者を無差別平等に援護するという戦後障害者福祉の原則は崩れ、戦傷病者にのみ障害年金、更生医療を支給し、国立保養所への入所をはかるなどの優遇措置が実施され、障害者間に大きな格差がつくり出されることになった。

日本の年金制度で、もっとも成立が遅れたのが、自営業者・農漁民・日雇労働者などの国民年金制度であった。老齢・障害・遺族などの年金を一番必要とする人たちが後回しにされたのである。59年に創設された国民年金法で実施されたのは、老齢・障害・母子の3種の福祉年金であった。拠出制の年金がスタートしたのは、61年のことである。こうして形の上ではこの時期からいずれかの年金に加入できるという意味で、「国民皆年金」となった。ただ当時の年金額は月2000円で「孫のアメ代」にも足らないと言われた。

教育の管理体制の強化と母親運動

日教組は1951（昭和26）年の中央委員会で、「教え子を再び戦場に送るな！」のスローガンを採択して反戦への決意を固めた。この年から自主的教育の確立をめざして教育研究集会を毎年開くようになった。

51年5月、「児童は、人として尊ばれる。児童は社会の一員として重んぜられる。児童はよい環境のなかで育てられる」の前文に始まる児童憲章が制定された。この児童憲章を完全に実施するための国民的な運動を起こすことをめざして「日本子どもを守る会」が52年5月に結成された。52年になると、全国でパンの学校給食が開始された。はじめはコッペパン1個と脱脂粉乳のミルクがつくだけであったが、母親たちを弁当づくりの苦労から解放し、子どもたちの体位向上にも役立てようと実施された。

53年10月、池田勇人《はやと》自民党政調会長がロバートソン米国務次官補と防衛問題で会談、「教育及び広報によって、日本人に愛国心と自衛のための自発的精神が成長するような空気を助長する」ことを約束し合意した。政府は、教育の中立性維持の名のもとに教員の政治活動を禁止するために、「教育公務員特例法の一部を改正する法律案」および「義務教育諸学校における教育の中立の確保に関する臨時措置法」の立法化をはかった。この「教育二法」に反対する世論がつくられたが、政府は54年5月、国会で強行採決した。ＭＳＡ協定と秘密保護法、自衛隊法、警察法改正など、政治反動と教育の国家統制が一体となって進められた。

55年前後には、母親を中心とする自主的な活動である「子どもを守る会」の運動、「母と女教師の会」運動、「生命を生み出す母親は、生命をそだて、生命を守ることをのぞみます」を基調にした母親運動も始まった。これらの運動は、平和運動、憲法擁護運動と結びついて教育運動の重要な構成部分となった。

56年、任命制教育委員会法案や教科書法案、臨時教育制度審議会設置法案など教育3法案に反対する運動は盛り上がり、「教育を守る」国会請願署名は725万余という国会史上最高を記録した。任命制教委法案は強引に可決成立されたが、他の二法は断念させた。

10月に発足した任命制教育委員会の初仕事は、文部省の指導のもと学校管理規則の制定と勤務評定の実施であった。そのねらいは、文部省→教育委員会→校長のタテの管理体制を確立し、教職員の中に差別と分断を持ち込み、教員統制を強化し、日教組を弱体化することによって、憲法改正、再軍備などを進めやすくするためのものであった。

勤評・安保の闘い

勤評反対闘争

1958（昭和33）年、勤務評定による教員の管理強化に対して、日教組を中心とする教員の勤評反対闘争が激しく展開された。愛媛県教委が3割の教職員の昇給を押さえる方策の道具として勤評の実施を決定した。愛媛県教組は、教師の賃金に差別を持ち込み、差別主義は民主教育を破壊に導くと反対闘争を強め、日教組も支援して大闘争となった。政府・文部省は勤評全国実施の方針を立て、日教組も全組織をあげて反対闘争を開始した。「勤評は戦争への一里塚」のスローガンのもとに、最高時には正午授業打切り全国統一行動や地域に入り生活要求と教育要求を組み上げる活動を行い、支持を広げていった。勤評制度を阻止することはできなかったが、「オイコラ警察の復活」といわれた警職法改悪に対しては大衆運動が盛り上がり廃案に追い込んだ。

59年5月、大阪府・市教委は勤評反対闘争に対して免職18人を含む118人の不当処分を発令した。市特教の西岡恒也書記長は免職、情報宣伝部長兼青年部長であった私は停職３カ月の処分を受けた。それに抗議し、私は2カ月半にわたって授業継続闘争を行なった。高等部や中学部の生徒たちは教育委員会に抗議し、街頭で署名運動を行なった。以後、西岡書記長は障害児の親や障害者の生活と権利を守る運動の組織化にも取り組み、大阪の障害者運動の発展に大きく寄与した。

安保闘争

１９６０（昭和35）年1月、安保条約を双務化する意図で、主として日本側の積極的な申し出により、「日本国とアメリカ合衆国との間の相互協力及び安全保障条約」がワシントンで調印された。これに対し、社会党・共産党・総評などの政党・民主団体が安保改定阻止国民会議を結成して果敢に闘った。デモ隊が連日のように国会周辺でデモ行進を行い、国会を包囲した。運動は発展し、全国で２０００に及ぶ共闘組織がつくられ、23次にわたる統一行動、二千数百万に及ぶ請願署名を集めるなど、日本の運動史上空前の大闘争に発展した。安保条約の改定を阻止することはできなかったが、岸信介《のぶすけ》内閣を退陣に追い込み、7月、池田勇人内閣に取って代わった。

60年安保闘争は、日本国民の反戦・平和意識の強さを示し、急速な軍備拡張路線を断念させることができた。無数の国民の主体的な運動参加を通じて民主主義は広く深く国民の中に根づいた。この貴重な経験は、のちのベトナム反戦運動にもつながった。しかし、運動参加者の中に強い挫折感、敗北感を生じさせたことも否めない。ケネディ政権のもとで就任したライシャワー駐日大使らは、組合幹部や学者・文化人を盛んにアメリカに招待するなどして、民主勢力の分断と基盤の解体をはかった。

日韓条約の批准

戦後、朝鮮は南北に分断されたまま日本から独立したが、日本はどちらの政権とも正式の外交関係をもたないままできていた。1965（昭和40）年6月、日韓基本条約調印で、強力な反共政権である大韓民国の朴正熙《パクチョンヒ》政権とだけ国交関係を結んだ。社会主義を敵視して東アジアにおける米日韓三国の結合を強化することを意味していた。10月、批准阻止の10万人デモが行われたが、12月、国会での強行採決によって承認された。

高度成長下の社会運動と教育

所得倍増計画

池田勇人政権は「寛容と忍耐」をモットーに低姿勢に徹し、経済の高度成長による「所得倍増計画」を打ち出し、反政府運動の沈静化をはかった。大企業本位の経済成長の中で、企業や学校教育などで競争主義的秩序がつくられ、本格的な「競争型社会」が形成されていく。

１９６０年代の高度成長を通じて農村から人口が流出し、都市に集中した。その結果、就業人口に占める農業人口の割合は、50（昭和25）年45・２％、60年30・０％、70年17・９％へと急速に減少していく。専業農家が激減し、「じいちゃん、ばあちゃん、母ちゃん」が従事する、いわゆる「三ちゃん農業」という言葉が生まれた。核家族比率も６～7割を占めるようになった。

民主的運動の発展

１９６０年代は、日本の働く国民が日本の軍国主義化に反対する運動、権利の自覚のもとにいのちとくらしを守る運動、政治の革新を勝ち取る運動等を大きく前進させた時期でもある。ベトナム反戦運動や公害闘争、教科書訴訟などの社会運動が前進した。運動の中で、人権意識が高まり、生存権・環境権・国民の教育権などの権利意識が国民の中に浸透し始めた。

朝日訴訟は生活保護法による日用品費月額６００円と医療扶助を受けて国立岡山療養所で療養中の朝日茂さんが起こした裁判で、60（昭和35）年10月、岡山地裁は、日用品費と療養所の給食は十分とした厚生大臣の採決を違憲であるとしてこれを取り消す全面勝訴の判決を行なった。被告（国側）は控訴し、最高裁で原告敗訴となったが、この裁判闘争は人間裁判として高い評価を受けている。

公害問題の多発

1955(昭和30)年夏、森永ヒ素ミルク事件が起きた。森永乳業の徳島工場で製造された乳幼児調整粉乳に混入したヒ素による中毒症状が西日本を中心に乳幼児の間に大量に発生した。被害者総数1万3417人、うち死亡者758人。厚生省は「第三者委員会」を設け、そこから提出された「後遺症の心配はほとんどない」という報告を受けて、この事件は一時闇に葬り去られた。しかし、大阪の養護教諭や保健婦の「14年目の訪問」による調査結果が、69年日本衛生学会で発表されて以後、再び社会問題と化した。訴訟、不買運動など被害者の恒久的な救済を求める親たちの運動が実り、73年、「森永ミルク中毒の子どもを守る会」、厚生省、森永乳業の三者が確認書を交わし、翌年、被害者救済の実施機関として「財団法人ひかり協会」が設立され、恒久的な救済活動が今もなされている。

58年から63年にかけて、妊娠中の婦人が睡眠薬として飲んだ副作用で腕から先が奇形のサリドマイド児が936人発生した。裁判は74年に和解し、309人の被害者に補償した。

薬害スモンは50年代から日本各地で多発し、70年に原因となった胃腸薬の販売停止により発生が終息した神経疾患である。疑いも含むと約1万1000人の被害者が発生し、「世界最大の薬害」といわれた。71年から79年までの裁判で勝訴・和解した。

60年代半ばから、公害がさらに深刻な社会問題となった。

67年6月、新潟水俣病患者たちは、昭和電工を相手に訴訟を起こした。新潟県阿賀野川流域において発生した水俣病が昭和電工の流した排水によるものであると、新潟地裁は昭和電工の加害責任を明らかにする判決を下した。また、67年9月、「四日市ぜんそく」に悩む患者たちは、三菱化成と中部電力などを相手に損害賠償請求の訴訟を起こした。72年7月、津地裁四日市支部は工場排煙と健康被害の因果関係を認め、三菱など6社の共同不法行為として企業側に賠償金の支払いを命じた。

68年6月、イタイイタイ病の患者と家族は、公害源の企業を相手取って損害賠償の裁判を起こした。72年8月の名古屋高裁金沢支部の全面勝訴判決を勝ち取り、直接交渉で補償誓約や土壌復元誓約を実現した。

69年6月、熊本水俣病患者たちも裁判に立ち上がった。チッソ水俣工場から排出した有機水銀で汚染された魚介類を食べることによって起きた中毒事件である。73年3月、熊本地裁はチッソを断罪する判決を出し、患者側は補償協定を締結した。

69年8月には、公害対策基本法が公布された。同法は公害問題の解決をめざすものであったが、最大の争点であった公害発生源の企業の無過失賠償責任は明文化されなかっただけでなく、公害防止対策は「経済の健全な発展と調和」する形で実施するという、防止対策の限界を記した条項が含まれていた。

公害問題は70年代にも大きく浮上した。東京では光化学スモッグが発生し、自動車のガソリン中の鉛による大気汚染が深刻であることがわかった。70年12月、公害対策基本法の改正をはじめとする合計14の法律が改正・制定され、「基本法」の「経済との調和」条項は削除され、法制や諸規定が整備された。

71年7月から、公害・環境問題に取り組む独自の官庁として環境庁が発足した。

全国一斉学力テストと高校全入運動

1950年代後半より、財界からは、経済成長を進めるために産業構造の変化に対応した労働力の確保を求めて教育に関する要求が出されてきた。それは、教育を「能力主義」の名のもとに競争と選別による人材開発システムに変え、3～5％のハイタレントとその他の各種労働力を養成しようとするもので、特に後期中等教育の多様化をめざしていた。

まず最初に実施されたのが、61（昭和36）年10月の全国一斉学力テストであった（中学校2・3年生全員を対象）。日教組は、テスト主義教育を促進し教育の国家統制を強めるものだとして、激しい反対闘争を展開した。免職25名を含む大量の処分者を出し、その処分の可否をめぐって裁判闘争が行われた。テストの実施中、自校のランクを上げるために、監督の教師が生徒に正解を教えたり、低学力の生徒をテストの時間帯だけ保健室に閉じ込めて欠席扱いにするなどのごまかしも行われた。この学力テストは全国校長会などの批判もあって、65年には縮小、66年に廃止された。

高校の多様化が進められ、62年、中堅技術者の確保のため、高等専門学校が発足した。63年をピークとする中卒者急増を背景に、高校の増設・希望者全員入学を要求する「高校全入運動」が起こった。62年4月、「高校全員入学全国協議会」の結成により、全国民的運動に発展し、高校進学率を高めるのに一定の役割を果たした。

教科書統制の強化と自主編成運動

1960年代には、教育内容＝教科書に対する政府の統制が強化された。すでに58（昭和33）年から学習指導要領に法的拘束性をもたせ、その徹底のため全教員を対象に伝達講習会を開いたり、「教育課程研究集会」や「指定研究」を官側の指導で実施させるなど、教師の教育研究の自由を抑圧する政策を実施した。また、教科書検定や教科書の無償制（63年12月）を利用し、教科書統制を強化した。小学校では「国家の平和」ではなく「国家の安全」を考えさせることが強調され、「天皇についての理解と敬愛の念」を深めるための歴史に神話が取り入れられた。教科書採択権が教師の手から奪われて教育委員会に移り、一地区一種目の教科書に制限された。

文部省は道徳の指導資料（小・中）を作成、64年新学期に小・中学校の担任教員全員に無料で配布、国定道徳教育の強化をはかった。

教科書検定は、50年代後半から厳しくなり、家永三郎教授が高校社会科教科書『新日本史』を改訂し、出版社から検定申請をしたところ、63年は不合格処分、64年は300カ所の修正要求がなされた。家永教授は憲法違反、教育基本法違反であるとし、65年6月提訴した。全国の各界各層の反響と支持が広がり、10月「教科書検定訴訟を支援する全国連絡会議」が結成され、支援運動が全国に波及していった。

日教組は積み重ねてきた教育研究集会の運動と成果をもとに、学校と教育の民主化を地域の父母・市民とともに進めようと、68年には「教育を守る市民会議」を提唱し、「総学習・総抵抗」運動を呼びかけた。

「愛される障害児」

1950年代中期以降、高度経済成長の促進と企業社会の出現を受けて、能力主義的多様化の教育が財界から求められ、その一環として特殊教育振興の課題が浮上した。

63（昭和38）年の経済審議会答申「経済発展における人的能力開発の課題と対策」では、人的能力開発と能力主義教育の徹底を主張し、それに貢献できる障害児に限って職業訓練を中心とする特殊教育を行うことを求めた。労働力として見込めない重度の障害児は特殊教育の対象から排除された。

特殊教育の目的は「愛される障害児」になることがめざされ、「社会のお荷物にならないこと」が奨励された。

「特殊教育」から「障害児教育」へ

１９６０年代のこの時期、日教組の教育研究集会（教研）特殊教育分科会で、これまでの教育観の見直しを求める論議が厳しく行われた。第11次教研（62年）では、「適合し順応させる教育（差別教育）から「現実の壁を乗り越え克服していく抵抗力をつける教育（解放教育）」への変革の必要性が強調された。それ以後、「慈善主義の特殊教育から障害児教育へ」、そして「権利としての障害児教育」へという捉え方が共通認識になっていき、分科会名も「障害児教育分科会」となった。

67（昭和42）年8月に全国障害者問題研究会（全障研）が結成された。結成に向けては、近江学園やびわこ学園を中心とした障害児の実践研究から生み出された「発達保障」論の提起と、教職員組合の教育研究活動の蓄積の中でつくり出された「権利としての障害児教育」論をもとにした教育権保障運動との結合が論議された。そして「障害者の権利を守り、発達を保障するために、理論と実践を統一的にとらえた自主的民主的研究活動を発展させることを目的とする」（規約）ことになった。

以後、障害者、家族、教師、施設・医療関係者、研究者、学生、市民などが障害の有無や階層の違いを超えて対等・平等の立場で学び合いながら、障害者の要求実現の力になるような研究運動が進められていった。

障害種別を超えた運動

就学猶予・免除となった子どもの数は、１９６０年代を通じて減少しつつあったとはいえ、依然として2万人を超えていた。発達保障の立場に立つ権利としての障害児教育をめざす取り組みとして、在宅不就学障害児の実態調査活動が60年代後半から70年代前半にかけて全国的に展開された。

東京では、66（昭和41）年11月、東京特殊教組が都内の障害者（児）とその家族・障害者団体・労働組合・民主団体などに働きかけ、「障害者の医療と教育と生活を守る第1回都民集会」を成功させた。

さらに、67年4月、革新都政を実現させて以後は、肢体不自由児の養護学校4校の増設、重複障害児学級の1学級2担任や介護員の身分確立と大幅増員など、多くの成果を勝ち取っていった。「希望者全員入学」の運動に応えて、73年2月、美濃部都知事は「すべての障害児に教育を保障する」と議会で答弁し、全員就学にふみきった74年度には、養護学校と分校合わせて10校を開校した。

大阪でも東京での運動に励まされ、67年2月、「心身障害者（児）の生活と教育を守り要求を実現する大集会」を大阪府庁内で開き、参加者は障害の別を越え500名以上になった。障害者や障害児の親が次々と教育、医療、就職、福祉、日常生活の悩みを訴えた。

> 働きたくても両手右足マヒ（左足で字を書いています）で、自分のことさえできず、親や兄にもきがねして暮らしている23歳の男子に、府から年金を出してください。知事様、一日里親になって見て下さい。本人や親の苦しみがわかってもらえると思います。それが無理なら、おしっこがしたい時「ああ、ぼくは両手がうごかんのだ」と考えて下さい。ぞっとすることでしょう。私が死んだら、どうしてこの子が生きていけるでしょうか。…

これはその時出された「私の要求」400枚のうちの1枚である。

以後、「心身障害者（児）大阪こんだん会」を発足させ、要求を集め、請願署名やカンパ活動に取り組んだ。69年には、「障害者（児）を守る全大阪連絡協議会（障連協）」を結成し、より力を結集して運動を進めた。70年からは「学校にいけない子をなくすためのこんだん会」をもち、大阪府・市交渉を粘り強く行なっていった。71年の黒田革新府政の誕生が追い風となり、養護学校や障害児学級づくりの運動にもはずみがついた。障害児の入学・入園相談会も各地で行われるようになった。

全国的には、67年12月に「すべての障害者とその家族の生活と権利を守り、諸要求を実現させることを目的とし」た「障害者の生活と権利を守る全国連絡協議会」(障全協)が結成された。障害の種別や程度、立場の違いなどを越えた障害者の権利保障運動の核になった。以後、全障研の研究運動と障全協の要求運動が車の両輪のように発展していくことになる。

身体障害者雇用促進法

1960(昭和35)年7月、「身体障害者雇用促進法」が公布された。主な内容は、身体障害者雇用率制度と職場適応訓練制度である。法定雇用率は、官公庁の非現業部門が1・5%、現業部門が1・3%、民間事業所1・1%とかなり低い数値に制定された(ドイツやフランスは6%、イギリスは3%)。罰則規定はなく、事業主側の努力義務として示された。高度経済成長時代でありながら「もっとも遅く雇用され、もっとも早く解雇される」という障害者の雇用状況を大きく変えることはなかった。多くは自営・内職といった形態で就労せざるを得なかった。

第4章

ベトナム戦争から構造改革・新自由主義へ

70年代、高度成長の矛盾の高まり

高度成長の矛盾

池田勇人内閣のもとでの高度成長の絶頂期は、1964（昭和39）年に開かれた東京オリンピックであった。史上最大の規模になり、大国に肩を並べた日本の姿を示した。このオリンピック関連で約1兆円の予算（年間予算の3分の1程度）がつぎ込まれたが、うち8800億円が新幹線・地下鉄・高速道路建設など交通施設に使われた。この年の夏、東京は深刻な水不足に見舞われ、住宅不足、交通マヒ、大気・水汚染、地盤沈下など都市問題が噴出した。また、消費者物価が毎年6％以上の上昇を続けた。こうした高度成長の矛盾の高まりに対し、ひずみの是正が急速に政治問題化していった。

沖縄返還と日中国交回復

1969（昭和44）年の佐藤・ニクソン会談で、沖縄の返還を確認し、この返還が日米安保条約の堅持、沖縄を含む日本の防衛努力の強化などと一体のものであることが合意された。そして72年5月、日米沖縄協定が発効し、沖縄の施政権が返還されたが、「核ぬき、本土なみ」の条件はあいまいにされた。

72年5月には、沖縄県が発足した。それを機に佐藤栄作内閣は退陣し、7月、田中角栄内閣になった。9月には、首相が訪中し、27年ぶりに国交を回復し戦争を終結させる日中共同声明を発表した。内政面では「日本列島改造論」で、新幹線・高速道路網と公共事業による開発政策をはなばなしく打ち上げて、強気の成長政策をとった。78年8月には日中の平和友好条約が締結された。

革新自治体の誕生と老人医療費の無料化

1967（昭和42）年4月、社会・共産両党推薦の美濃部亮吉が東京都知事に当選し、革新都政が出現した。続いて68年11月に沖縄で、京都は70年4月、社共推薦の蜷川虎三知事が全国初の6選を果たし、大阪でも黒田了一革新府知事が誕生した。この結果、革新市長会参加は106都市に達した。75年の統一地方選挙で美濃部都知事は3選、共産党単独推薦の黒田大阪府知事は再選、神奈川県知事に長洲一二《かずじ》県知事が初当選した。77年には総人口の43・１％が革新自治体で生活するようにまでなった。

運動の高揚と革新自治体の拡大によって、福祉施策が進み始め、１９７３年１月から70歳以上の老人医療費の無料化制度が発足し、「福祉元年」といわれた。

堀木訴訟

全盲で３人の子どもを女手一つで育ててきた堀木文子さんは、「父親が障害者で障害福祉年金を受けていても児童扶養手当が支給されるが、母親の場合は支給されない」という福祉事務所の対応に納得できず、憲法の生存権・平等権に反しているとして、障害福祉年金と児童扶養手当の併給を請求する訴訟を１９７０（昭和45）年に起こした。72年の神戸地裁の判決は、堀木さんの主張を全面的に認め、憲法違反とする判決を下した。ところが政府は、第一審の判決のあと自らの矛盾を認めて併給を認める法改正をしておきながら、一審判決が制度全般に波及することを恐れ、控訴に消極的な兵庫県知事を抑えて控訴審に持ち込んだ。75年に出た大阪高裁の判決は、国の主張通り年金制度は広い立法裁量であり、原則的には司法審査が及ばないとした。82年、上告審の最高裁判決は、憲法25条の立法による具体化に際しては、国会の幅広い裁量に委ねられているとし、憲法14条の平等権にも違反しないとした。

訴訟では負けたが、朝日訴訟がそうであったように、訴訟を支援する組織が生まれ、運動の中で多くの人が育った。障害のある人が裁判する権利を保障させるために、毎回「口頭」で行う弁論、録音、手話通訳、障害者の生活証言、車いすの傍聴、点字署名の提出、盲導犬の入廷などを開拓した。堀木訴訟は「障害者のための」裁判から「障害者による」裁判への歩みを始め、障害者の生きる権利と社会保障制度の問題に向かい合う自覚的な運動に進化するものとなった。

ベトナム戦争

アメリカは1965（昭和40）年2月、北ベトナム爆撃（北爆）を開始し、2500億ドルものぼう大な戦費を使い、枯葉剤、ナパーム弾、ボール爆弾など非人道的兵器によってベトナム民衆を殺傷したが、ベトナム人民の徹底した抗戦を受けた。

73年1月、パリでベトナム和平協定が結ばれ、75年4月サイゴンが陥落し、アメリカは敗北、ベトナムの勝利で戦争は終わった。アメリカは延べ260万人の兵士を派遣し、戦死者は22万5000人、負傷者75万2000人。ベトナム側の戦死者は97万6700人、負傷者は130万人と推定されている。なお、ベトナム戦争から帰還した米兵のうち約1割が外傷後ストレス障害（PTSD）の症状に悩まされているという。

日本は、日米安保体制のもとでアメリカのベトナム戦争の基地になり、原子力空母の佐世保寄港や横須賀母港化など日本の核基地化が急速に進められた。自民党政府はアメリカのベトナム政策を支持したが、市民のベトナム反戦運動は大きく発展した。

石油ショックと労働運動の後退

１９７３（昭和48）年10月の第４次中東戦争を契機に、石油価格が大幅に引き上げられ、「石油ショック」が起きた。工業生産や貿易が戦後最大の規模で落ち込み、74～75年は世界的な不況になった。アメリカのドル不振は続き、結局、各国は変動相場制に移行した。高度成長が破たんし、スタグフレーション（不況とインフレの併存）とぼう大な国家財政の赤字をもたらした。かわりに登場した新自由主義は、「福祉国家」の見直し＝「構造改革」を主張し、規制緩和と民営化による「小さな政府」の実現、市場経済の徹底化を主張した。こうした改革は「強い国家」の支援がなければ実現できず、「小さな政府」を主張しながら、実際は強権的な国家を必要とした。

75年、官公労の組合はストライキ権回復を求めて「スト権スト」に入ったが、民間労組の支援が得られず、成果もなくストを中止せざるを得なかった。この年以降、労働運動は賃金を押さえ込まれ、ストライキも打てず、組織率も３割を割り、「冬の時代」に入った。

この年は、国連が提唱した初の国際婦人年であった。６月にメキシコで開かれた世界会議には「平等・発展・平和」のスローガンのもと１３３カ国代表が参加した。日本でも婦人運動が盛り上がりをみせた。

能力主義教育の強化

石油ショックを境に高度経済成長が終わり、都市化に伴う産業社会化・情報社会化が進行した。生産効率を高めるための「合理的な秩序」、すなわち管理―被管理の関係の強化が、企業や官庁にとどまらず家庭や学校までも巻き込んでいった。

国家・社会の人材養成の観点から、能力主義にもとづいた競争原理による「選別」教育がなされる中で、「受験戦争」と呼ばれるほど高校・大学の入試競争が激しくなった。低成長期に入ると、企業が技術革新や人減らしによる減量政策を採ったため、「学歴」を得るために、学校教育における競争と選別のプレッシャーはより深刻化した。この過程で高校・大学への進学率は急上昇した。高校への進学率が１９６０（昭和35）年に57・７％だったのが、80年には94・２％にもなり、高校の格差化・序列化が進行した。大学（短大なども含む）進学率も10・３％から37・４％となった。

入試を常に意識した授業が展開され、詰め込み式の進度の早い「受験準備教育」がなされる中で、義務教育でありながら半分の子どもがついていけないような状況になった。「落ちこぼれ」が一般化し、非行、校内暴力、家庭内暴力、いじめ、中退、不登校などといった「教育荒廃」状況が、子どもたちの側の「反発」として噴出した。それに対し、子どもの立場に立ったさまざまな取り組みがなされながらも、どちらかといえば、校則の強化で学校秩序を優先させ、子どもたちを学校生活に順応させていこうとする傾向が強くなっていった。

ところが、政府や財界は社会的矛盾の激化に対して、国家が国民を統制することをいっそう強めた。71年に出された中教審は、財界の提言を忠実に受け入れ、①教育目標の新たな設定し直し、②生涯にわたって社会に適応していく「生涯教育」、③学校体系の再編による差別・選別体制の強化、④教育基本法など教育諸法規の見直し、教育内容・方法の統制、学校の管理体制の強化、⑤教育の国家統制のいっそう強化、などを特徴としている。

教科書裁判と民主的教育運動

１９７０（昭和45）年7月の家永教科書裁判の東京地裁判決（第2次訴訟）で杉本裁判長は、国の教育権をしりぞけ、国民の教育権を公認し、家永教科書の検定不合格処分は憲法・教育基本法に違反するとして処分を取り消す判決を下した。

74年7月の東京地裁判決（第1次訴訟）で高津裁判長は、国の教育権を認めて教科書検定制度を合憲としつつ、検定基準に不備があるとして損害賠償の支払いを命じた。双方がともに東京高裁に提訴、86年3月、検定を合憲とする、原告側全面敗訴の判決が出された。

こうした教育と民主主義の危機的状況に対して、国民の教育要求の実現と広範な民主勢力の結集を目標に、71年11月、「民主教育をすすめる国民連合」が結成された。「国民連合」は国民署名に取り組み、72年11月で約1120万筆に達した。第2回集会では5つの重点目標として、①保育所・幼稚園の増設と無認可保育所への公費助成、②障害児の就学猶予・免除制度の廃止と障害児教育施設の充実、③高校（普通科）の増設、④私学に対するヒモのつかない公費助成、⑤教育行政の民主化、教育委員会の準公選制の要求で、政府各省に対する交渉を展開した。

大学進学や就職差別をなくす運動

大阪では、1971（昭和46）年3月の大阪教育大学入試で、S君が脳性マヒ後遺症を理由に不合格になるという問題が起こり、「障害者への入学差別をなくす連絡会議」がつくられ、大学当局との交渉、宣伝、署名運動を展開し、6月になって入学が許可された。

戦後、小学校2年生の夏、不発弾の爆発で両眼両手首を失った藤野高明さんは、地元福岡では入学を断られ、20歳で大阪市立盲学校中学部2年に入学した。高等部では私が担任したこともある。日本大学の通信教育で教員免許を取得した。70年6月、教員選考テストに点字受験の制度化を大阪府教育委員会（府教委）に要求し、一旦は断られたが、交渉を続けた。71年8月、ようやく特例として点字受験が認められ、合格したが「欠員がない」と待つように言われた。

72年６月、母校に時間講師として採用されたが、教諭採用には再度受験をするよう言われた。再度合格してやっと教諭に任命されたのは73年９月であった。諸団体の後押しと革新府政のもとでようやく勝ち取った成果であった。

その後、「障害者の進学差別をなくす対策協議会」がつくられ、障害者の大学進学に関する調査を全国的に実施したり、「高校受験生こんだん会」を開いたり、条件整備を国に求める国会請願署名運動を進めるなど多様な運動を展開した。

17年ぶりの職場復帰

勤評の公判闘争は、５年間の闘いの末、１９６４（昭和39）年３月、大阪地裁で全員無罪の判決を得た。懲戒処分に対しては、停職者以下は66年５月、和解が成立した。残る免職者についても、76年５月26日、和解が成立し、処分発令日にさかのぼり懲戒免職が停職３カ月に修正され、現場復帰希望の７名が17年ぶりに教壇に立つことができるようになった。72年に大阪市立障害児学校教職員組合（市障教）に名称変更、その執行委員長になっていた西岡恒也氏も「復職後の一定期間、執行委員長はやめる」という条件で和解が成立した。「教壇こそ我がいのち」、その日の夕刊各紙は、一斉にこの勤評和解調印を報じた。西岡氏は、６月１日から大阪市立盲学校の教壇に再び立つことができた。

養護学校義務制実施へ

国は1970（昭和45）年6月、「心身障害者対策基本法」を制定し、不十分ながらも障害者の総合的な権利保障に対する施策を講じ始めた。文部省も同年9月に、特殊教育振興拡充整備計画を発表し、養護学校、特殊学級設置を進めた。

72年6月には、日教組の委嘱による「教育制度検討委員会」が「日本の教育をどう改めるべきか」の報告書を出し、その中で、発達保障、無差別平等、普通教育と共同教育、総合保障の原則が掲げられた。

73年10月、文部省の政令公布で、ついに79年からの養護学校義務制実施が確定した。養護学校や障害児学級づくりの運動がいっそう活発になった。

大阪では、府教委が養護学校の増設を打ち出し、障連協と教職員組合が連携して養護学校づくりを進めた。それに対し、部落解放同盟の部落排外主義（部落民以外はすべて生まれながらにして差別者の側である）に立つ「解放教育」の押し付けが大阪中に広がり、それに同調する解放教育推進の教員や全国障害者解放運動連絡会議（全障連）などによって執拗な妨害を受けた。養護学校は隔離・差別であると決めつけ、養護学校の義務化に反対し、養護学校をつくらせない、養護学校に子どもを行かせない運動を行なった。北河内地区に建設予定の府立第八養護学校の建設に反対し、「養護学校づくりをすすめる会」の運動に対してビラ配布や反対集会を行なっただけでなく、「すすめる会」の請願署名に協力した団地の自治会長まで脅迫したりした。

79年度からの養護学校義務制の実施が決まると、戦後30年ずっと3万人から2万人をくだらなかった就学猶予・免除者は74年度以降減り始め、79年度には３３８４人に激減、それ以降も年々減少し、２０００（平成12）年度には１４０人になった。数字の上では99・９％少なくすることができたのである。どんなに障害が重くても教育を受ける権利があるという実践と運動によって、小中学校の義務制実施から32年も遅れてではあるが、どんな障害のある子も公的な責任で教育するシステムができたことは大きな成果であった。

身体障害者雇用促進法の改定

身体障害者雇用促進法は、法制定後15年経っても、障害者の雇用状況はなかなか改善されなかった。民間事業所の約3分の1は未達成であり、特に大企業ほど障害者雇用が遅れていた。こうした背景の中で、１９７６（昭和41）年、法は抜本改正された。雇用率は０・２％ずつ引き上げられ、努力義務は、「しなければならない」という法的義務とされた。新たに身体障害者雇用納付金制度が設けられ、法的雇用率に達していない事業所から不足する人数に応じて納付金を徴収する（不足数1人につき月額3万円）。納付された納付金は、障害者を雇用する事業主に対する各種の助成措置に使用される。また、重度障害者１人を雇用した場合には２人として取り扱うこととした。

80年代、「戦後政治の総決算」

軍事化・「社公合意」と革新統一の分断

1978（昭和53）年11月、有事には自衛隊と米軍が共同して対処することをうたった「日米防衛協力の指針（第1次ガイドライン）」が決められ、その後の大がかりな日米共同軍事演習や防衛予算増大などの基礎となった。

70年代前半の革新の高揚に対する逆流の動きが本格化する。「自由社会を守ろう」という自民党の反共キャンペーン、民主党は公然と自民党との連合路線を打ち出す。公明党は、安保条約と自衛隊を容認し、共産党への攻撃を強めるとともに、社会党に共産党との断絶を強く求めた。社会党は80年1月、公明党と「連合政権についての合意」（社公合意）をし、それまでの安保条約反対の態度を変えた。革新統一が壊され、革新自治体が後退していき、労働運動、平和運動、女性運動など多くの領域で分裂と混乱を生じていった。

臨調「行革」路線

「自助努力」のスローガンのもとに、臨調「行革」路線が開始された。1981（昭和56）年3

月、第2次臨時行政調査会（第2次臨調）が発足し、7月に「第1次答申」が発表された。「増税なき財政再建」がいわれ、「増税か、行革か」の二者択一を国民に迫ったが、実際は「増税も、行革も」であった。社会保障や福祉は国民が「自立・自助」の精神で解決すべきという考えに立っていた。老人医療の有料化（82年）、保険料を3倍に引き上げ給付額を大幅に引き下げる年金制度の改悪（84年）など弱者切り捨て政策が進められ、老人や障害者にとりわけ厳しい時代を迎えた。

83年1月、中曽根康弘首相は訪米先で「日米は運命共同体」「日本列島不沈空母化」と発言し、国内での論議を呼び起こした。さらに施政方針演説でも「戦後史の大きな転換点」を強調し、84年1月、現職首相として戦後初の靖国神社への公式参拝を決行した。

さらに85年7月、中曽根首相は、自民党の軽井沢セミナーで「戦後政治の総決算」を主張した。そして、防衛予算のGNP１％枠取り外しを意味する中期防衛力整備計画の決定など、防衛費を突出させながら福祉・文教予算を押さえる行財政改革を進めていった。

新自由主義路線の登場

世界の主要な資本主義国では、１９７０年代から財政破綻などの深刻な矛盾に直面し、それまでの「大きな政府」による福祉国家路線を修正し、「新自由主義」と呼ばれる政治・経済政策が取り入れられた（米国のレーガノミクス、英国のサッチャリズムなど）。市場原理による企業の「自由競争」を促進するため、その障害となる種々の「規制緩和」政策を実施し、行政をスリム化して「小さな政府」に移行させていき、財政赤字の削減・解消をはかるという路線である。日本では、中曽根政権による「構造改革」路線で具体化されていく。

多国籍企業化と「構造改革」路線

1985（昭和60）年、第2次世界大戦後40年目のこの年、ソ連はゴルバチョフ書記長が登場し、米ソ首脳会談が6年半ぶりにもたれ、平和と軍縮への希望がつながれた。89年11月、ベルリンの壁が崩壊し、戦後の冷戦体制は崩壊した。

86年から90年までの5年間は、日本はバブル経済だった。バブル、すなわち泡のごとく実態以上に経済がふくらみ、見せかけの繁栄をつくり出した。特に地価と株価が異常に騰貴《とうき》した。大企業は内部蓄積を高め、銀行離れが進み、「金あまり現象」が発生した。日本経済の世界経済に占める比重は高まり、いっきに経済大国の地位を占めることになった。

これまでの「輸出依存型経済」から、市場開放と内需拡大の「国際協調型」経済の転換がなされ、引き続き輸出を維持しながら、多国籍企業化への本格的な転換がはかられた。

竹下登内閣は、87年度予算で、軍事費がGNP（国内総生産）の1％枠を超える大軍拡を行う、大型間接税（売上税）とマル優廃止の二つの大増税を打ち出すなど、国民生活への新たな攻撃を進めた。87年4月には、国鉄の分割・民営化を強行し、大幅な人員整理を推し進めた。さらに電電公社・専売公社・道路公団などの民営化も強行されていった。

89年4月、竹下内閣は、消費税３％を導入した。

教育臨調

中曽根首相は１９８４（昭和58）年9月、臨時教育審議会（臨教審）を発足させた。これまでの中教審答申では物足りず、政界・財界の意向で「教育臨調」を進めようとした。そのねらいは、ひと言でいえば、教育基本法の教育目的を変え、学校教育を国や財界の要求に忠実な国民を育成する道具にしようという教育改革である。教育の自由化、すなわち教育の民営化で、国の責任の放棄と財界の教育支配の自由化を進める一方、学校の自主性と民主的運営を破壊し、教育活動への統制を強化しようとするものである。家庭教育の活性化、幼稚園と保育所の機能の整合性、中高の継続化と中等教育の多様化・弾力化、入試の多様化などを提言した。

87年度から使用する高校教科書の検定では太平洋戦争肯定の復古調の教科書を合格にした。

人権保障問題の進展

国際連合は１９４８（昭和23）年に平和と人間の権利保障の同時実現をめざす「世界人権宣

言」を採択したが、その後、79年に男性との差別をなくすための「女性の差別撤廃条約」を制定し、さらに89年には、「子どもの権利条約」を制定した。それは、①子どもの無差別平等の保障、②大人と同じ権利の保障（子どもの意見表明権を認める）、③子ども特有の生来的権利の保障などである。その第23条　障害児の権利の第1項では、①尊厳の確保、②自立の促進、③地域社会への積極的参加の助長、第2項で障害児の特別なケアへの権利、第3項で障害児の特別なニーズを認めることが示されている。日本がこれを批准し、発効したのは5年後の94（平成6）年のことであった。

国際障害者年を契機に

1980年代は、81（昭和56）年の「国際障害者年」を契機に障害者問題がクローズアップされたが、その一方、自助・互助による「日本型福祉社会」をめざす臨調行革路線が実行段階で、福祉切り捨ての制度改革が進行する時期と重なった。「完全参加と平等」を基本目標に掲げた「国際障害者年」は、障害者が他の市民と対等・平等に存在する社会こそノーマルな社会であり、そのような社会に変革することをめざすというノーマライゼーションの理念をもとにしていた。

その年の年間の諸行事にとどまらず、「国連障害者の10年」の取り組みが継続して進められた。そして「国際障害者年10カ年計画」の策定が政府だけでなく、民間団体でも盛んに取り組まれ、

「国際障害者年日本推進協議会（推進協）」には最高で１０７団体が参加し、行動計画など施策の推進、政策提起・提言を民間の側から行なった。まちづくり運動や「ひまわり号」を走らせる運動など障害者の社会参加を広げる運動も全国的に取り組まれた。「ひまわり号」は国鉄労組の支援を受け、障害者・家族・関係者が列車を借り切って行楽地ツアーを行うものだが、全国各地で毎年開催されるようになり、今も続いている。

大阪では、障害児教育の記録映画「笑ってるもえてるひかってる」を制作し上映運動を行なったり、「はばたけひろがれフェスティバル」（障害別を超えた文化祭）や「障害者・ボランティア成人のつどい」など文化的な行事を毎年行うようになった。

運動の高まりの中で、障害者政策は進展をみせ始めた。85年年金法の改悪で、すべての年金が下位平準化された中で、障害福祉年金が障害基礎年金になり、額も若干増えた。87年、身体障害者雇用促進法が「障害者雇用促進法」に改められ、対象が精神薄弱者や精神障害者にも拡大された。納付金は不足数１人につき月額５万円になった。

90年代以降、日米同盟の強化

湾岸戦争・ＰＫＯ協力法

１９９０（平成2）年6月、日米構造協議で公共事業を10年間で４３０兆円受け入れることを約束させられた。8月、突如イラク軍がクウェートに侵攻、全土を制圧した。海部俊樹《かいふとしき》首相は多国籍軍への資金協力を約束した。91年1月、アメリカ軍を中心とする多国籍軍がイラク・クウェート爆撃を開始し、湾岸戦争が勃発。日本は130億ドル（1兆3000億円）もの援助を行なった。

91年4月に自衛隊がペルシャ湾へ掃海艇を派遣した（初の自衛隊海外派遣）。

92年6月、PKO（国連平和維持活動）協力法が成立。9月、自衛隊PKOがカンボジアに派遣された。以後、2003年イラク戦争へと海外派兵が続いた。

93年7月の総選挙で自民党は過半数を割り、8月、「非自民」8党派連立の細川護熙《もりひろ》内閣が誕生した。自民は38年ぶりに政権を離脱した。

94年3月には、衆議院選挙での小選挙区比例代表並立制が、政党助成金制度とともに成立した。6月、社会党の村山富市《とみいち》が首相の、自民党、社会党、さきがけの3党連立政権が誕生した。

96年4月、日米共同宣言声明で、安保条約の再定義を行い、日本の防衛というそれまでの大義名分は反故にされてしまった。

97年9月には、この新しい防衛協力の枠組みとして、「新ガイドライン」が決定された。有事を想定し、米国が軍事行動を取れば、日本が支援することになった。

99年5月、周辺事態法（日米新ガイドラインの規定にもとづき、「周辺事態」における「日米相互協力計画」を実施するための法律）が成立した。8月には国旗・国歌法が成立した。

バブル崩壊後の社会状況

１９９０（平成2）年から「高齢者保健福祉推進10カ年戦略」（ゴールドプラン）が始まった。バブル経済がはじけ、93年には「就職氷河期」時代に入った。

95年、社会保障審議会が自己責任と社会連携を強調する勧告を出した。

96年の総選挙で、初めて小選挙区制が実施され、橋本龍太郎内閣が成立した。

97年4月から消費税が5％に増税された。「財政構造改革法」案が提出され、国の財政赤字解消のため、行政、経済、金融、財政構造、教育、社会保障構造改革の6分野の改革を行うものとされた。

98年6月「社会保障基礎構造改革について（中間まとめ）」が提言され、その後の社会福祉政策のあり方を規定することになった。そのねらいは、社会福祉の公的責任の後退、国民の自助努力、市場経済、市場原理に福祉を委ねる、国庫負担の削減と当事者負担の導入を企図するものであった。

90年代のゆとり教育

学校選択、学校間競争などの新自由主義の論理が広がる中で、競争の様相が大きく変化しつつある状況になった。受験戦争の激化とともに、いじめや校内暴力、「学級崩壊」の低年齢化が深刻になった。子どもの人格的な危機、学習意欲の衰退が深刻になり、今までの競争で追い込み、そこからはみ出す者を管理主義で囲い込むシステムが機能しなくなってきたのである。

1989（平成1）年、「新しい学力観」による学習指導要領の改訂が行われた。個性重視、生涯学習、変化への対応などがうたわれた。

92年には学校5日制（月1回）が実施され、95年には月2回になった。

98年の学習指導要領の改訂で「生きる力」が強調され、内容3割減、「総合的な学習の時間」が新設された。ところが、2000年、OECDの学習到達度調査（PISA）で、日本は読解力で8位になり、学力低下から「ゆとり教育」批判は相次いだ。

青年期教育への進学保障

1980年代末には、全員就学運動に続いて、養護学校の義務教育終了後の高等部への進学保障への取り組みが進み始めた。高等部への希望者全員就学運動の高まりである。

90年代に入ると、この運動の広がりによって、全国各地の養護学校に高等部が開設され、養護学校中学部卒業生の90%以上の進学率となり、2000（平成12）年度からは、高等部での訪問教育も本格実施となり、どのような障害の重い場合も希望者の全員入学が実現できる制度的基盤を整えさせることができた。しかし、通常の高等学校における条件整備と運用の措置は全国的に遅れたままであった。

欠格条項の見直し

1999（平成11）年8月、資格制度から障害者を排除する「欠格条項」を定めた法・制度の見直しが、障害者運動が盛り上がる中で行われた。障害者を主権者として認めない欠格条項を盛り込んだ法令63制度について検討が行われ、53の制度の見直し法案が成立した。①受験について障害者欠格条項は削除する、②障害名・病名をあげて「免許を与えない」とする条項は削除するなど。しかし、試験に合格しても免許を与えない対象を残し、実質的に欠格条項を残した。海外では、例えばアメリカの障害者差別禁止法などは、排除しないだけでなく、必要な配慮や支援をして初めて公正・平等な扱いになるという考え方に進んできていたが、日本でそういう考えがまだ定着していない。

その一方で、臨調行革路線によって、家庭奉仕員（ホームヘルパー）派遣制度の有料化、身体障害者施設の費用徴収制度の実施、堀木訴訟上告棄却、立会演説会の廃止など、国際障害者年の施策推進に逆行するような事態が次々と起こった。

第5章 21世紀を迎えて

「戦争できる国」へ

「構造改革」の推進と矛盾の広がり

1990年代半ばから本格化した新自由主義的な「構造改革」路線によって、パート、アルバイト、派遣・請負など非正規雇用が急増し、国民の社会保障や税の負担が強まっていった。基本政策の決定が財界主導に切り替えられ、経済政策の日米一体化が新たな展開をみた。94年以降、米国政府は日本政府に毎年「年次改革要望書」を出し、医療、郵政、保健サービスなどさまざまな分野での規制緩和の注文を行なってきた。

95（平成7）年の日本経営者団体連盟（日経連・当時）の「新時代の『日本的経営』」やその後の労働法制の規制緩和によって、非正規労働者が急増し、2005年には雇用労働者の3分の

1を占めるまでになった。解雇されやすく雇用が不安定な非正規労働者の急増が、経済的な格差と貧困をもたらし、少子高齢化をもたらす社会問題の引き金になっている。フリーターは生涯賃金が５２００万円ぐらいで、年功序列賃金の人の2億１５００万円の4分の1程度だと試算されている。

01（平成13）年1月から、中央省庁再編が行われ、1府12省庁体制になった。その年6月、「自民党をぶっ潰す」と宣言して登場した小泉純一郎政権は、「聖域なき構造改革」を掲げ、3本柱の切り捨てに取り組んだ。一つめは、企業社会の再編である。１９９９年改正で派遣の原則解禁が行われていたが、２００３年改正で製造業に拡大されることになる。二つめは、「三位一体改革」（国庫補助負担金・地方交付税・地方税）を減らし、自主財源と称して地方自治体にその財源を渡した。三つめは、社会保障構造改革である。その典型例が後期高齢者医療制度の創設であった。後期高齢者のみの保険制度をつくって医療費の総量規制をはかった。矛盾が劇的に爆発し、餓死や自殺が増え、貯金をもたない世帯も激増した。

社会保障をめぐる本人負担、国民への課税が強まり、特に低所得者や社会的弱者が社会保障制度から排除されるという事態が生まれている。02年度からは社会保障費の自然増を毎年２２００億円削減されてきている。貧困になるのは、自分の努力が足りないからだとする「自己責任」論をふりまき、「構造改革」路線を免罪しようとしている。

「戦争できる国」への道

2001（平成13）年9月に米国で起きた同時多発テロを契機に、米国は10月、アフガニスタンを空爆し、小泉政権はテロ対策特別措置法（テロ特措法）を成立させた。自衛隊が米軍などへの後方支援をできるようにする新法だった。

03年に米国が起こしたイラク戦争に対応してイラク復興支援特別措置法を制定し、「非戦闘地域」への自衛隊派遣を可能にした。03年に成立した事態処理法など有事関連三法にもとづき、04年、有事関連七法で個別の法制を整備した。

05年10月、自民党は、「自衛隊保持」を明記した新憲法草案を発表した。

06年5月、日米安保協議で、普天間基地移設を合意した。米軍再編の中で、在日米軍の「海外殴り込み機能」の強化と、米軍と自衛隊の司令部の一体化が進められた。9月、安倍晋三内閣（第1次）が発足した。

07年1月、防衛省発足。5月に「日本国憲法の改正手続に関する法律（国民投票法）」が成立した。

10年5月、日米両政府は、普天間基地の移転先を名護市辺野古とする日米共同声明を出した。

このように、憲法9条を形骸化し、「戦争できる国」への動きが強まっていく。

「ワーキング・プア」の広がり

2003（平成15）年11月の総選挙で自民党が選挙公約で改憲を提起し、憲法問題が浮上してきたことに対応して、04年6月、作家の大江健三郎、井上ひさし、哲学者の鶴見俊輔、評論家の加藤周一氏ら9人の呼びかけで、9条改憲反対を一致点とする「九条の会」が発足した。すると、科学、スポーツ、宗教、医療など各分野、また各地域で次々と「会」が結成され、11年には全国で7500を数えるに至った。

08年4月、後期高齢者のみの保険制度をつくって医療費の総量規制をはかった。9月、アメリカでリーマン・ショックが起こり、投資銀行の破たんから世界的金融危機が発生、株価が暴落し、日本経済も輸出産業に大きな打撃を受けた。「ワーキング・プア」（働く貧困層）が広がり、職を奪われた労働者が路上生活を余儀なくされる事態に対して市民運動や労働組合が連携して支援する「年越し派遣村」の活動も行われた。

09年8月の総選挙で民主党が大勝し、鳩山由紀夫政権が誕生した。この政権交代は、本格的な構造改革の開発型政治がもたらした社会の矛盾、貧困と格差、地方の破壊に対する国民の怒りと、「構造改革」をやめてほしいという声によるものであった。ところが「生活第一」を掲げた民主党の政策の実行が財界やアメリカなどさまざまな圧力を受けて進まなかった。10月、厚生労働省は初めて日本の貧困率を15・7％と発表した（先進国中で最大）。

11年3月に起きた東日本大震災と東京電力福島第一原発事故は未曽有《みぞう》の大規模広域被害をもたらした。

12年8月には野田佳彦《よしひこ》内閣のもと、民主党、自民党、公明党の3党合意で「税と社会保障の一体改革」関連法案（15法案）が成立した。その一つ「社会保障改革推進法」では、自助・共助および公助が最も適切に組み合わされるように留意すること、二つは「消費税法改正」で14年4月から8%、15年10月から10%へと引き上げることを決めた。そして「国民健康保険法改正」で、「財政基盤強化策の恒常化」として、①保険料軽減の対象となる低所得者数に応じて財政支援する「保険支援制度」の創設、②国保の広域化、③国庫負担割合の引き下げ、などを決めた。

このように国民の期待を裏切ったため、12年12月の総選挙で民主党が大敗北を喫し、自民党が圧勝、第2次安倍晋三政権が復活した。

新自由主義の教育改革

2002（平成14）年1月、文部科学省は「学びのすすめ」を発表、放課後学習や朝読書を奨励した。9月から完全週5日制になった。

03年のOECDの国際学力調査（PISA）では、読解力順位はさらに低下し、14位になった。

「学力低下」が問題にされ、学力テストがまたたく間に全国に広がり、点数を競い合う学校間競争が繰り広げられる。そして、「ゆとり教育」に対する十分な総括もないまま、05年、文部科学省は「脱・ゆとり教育」を打ち出すことになる。

新自由主義的グローバルな競争社会が進み、不安に満ちた社会に変貌しつつある中で、教育も大きく構造改革されていく。教育改革の手法として、市場的方法が強力に推進されている。学校選択制の導入、テストによる学校評価、民間委託、民間教育サービスの導入など。教育目標の達成への忠誠度、貢献度によって教職員を評価し、その結果を給与にまで反映させるシステムになりつつある。国の教育費をより効率的な教育改革へ誘導し、全体としては縮小しつつ、教育の多様化、教職員の差別的統制、民間資本の導入を強力に推進している。

教師の多忙化、疲労の蓄積、「国旗・国歌」の強制に典型的にみられる教師の思想的統制、自由のはく奪、仕事の事務化、マニュアル化、成果を上げる競争に追われ、研修の自由のはく奪、強制的研修への参加、教師相互の協力の後退などで、教師の専門性は低下せざるを得ない。

教育基本法の改定

2006（平成18）年12月、教育基本法が改定された。これは国家による教育統制を排して、教育の自由を実現することを基本にしてきた教育基本法を、国家による教育統制、国民の価値観や道徳観にまで干渉し統制する法へと180度転換するものである。新たに第2条として「教育の目標」をつくり、20に及ぶ「徳目」を列挙し、その「目標の達成」を国民全体に義務づけている。その中には「国を愛する態度」や「公共の精神」など内心の自由を侵害するものまで盛り込まれ、特定の価値観を子どもたちに事実上強制するものになっている。

07年には、43年ぶりに全員参加の全国学力テストが実施された。

08年、文部科学省は学習指導要領を改定し、「生きる力」を強調、学習内容と授業時間が増えた。小学校では総合学習の時間が減り、中学校では英・数・理が3割増えた。「伝統文化の尊重」として、中学校の武道の必修化を導入した（12年4月開始）。また、政治教育は、「党派的政治教育その他政治活動を行ってはならない」旨の規定も設けた。軍国主義的志向がありありと見える。

障害児教育の改革と障害者運動の高まり

特別支援教育へ

文部科学省は2000（平成12）年以降、特殊教育の制度改革の検討を始め、03年3月、「今後の特別支援教育の在り方について」の報告を出した。

07年度から特別支援教育がスタートした。呼称を「特殊教育」から「特別支援教育」に変え、盲・聾・養護学校は特別支援学校となり、小中学校などへの支援を含むセンター的機能を担うようになった。通常の学校では全校的に特別支援教育を行うこととなり、特殊学級は特別支援学級へと名称が変更された。さらに、①対象の障害が、通常学級に在籍するＬＤ（学習障害）、ＡＤＨＤ（注意欠陥多動性障害）、高機能自閉症などの発達障害児にまで拡大され、②入学前から卒業まで視野に入れた支援が求められ、③学校のみならず学校外の関係者・関係機関と連携して子どもの支援を行うことになった。そして、必要に応じて、「個別の教育支援計画」の策定と「個別の指導計画」の作成が求められることになった。しかしなお「障害の種別と程度に応じて特別な場で行う」教育は維持しており、発達障害を新たに対象に加えたとはいえ、教員配置は乏しく、通常学級での特別な支援に応えるものにはなっていない。

契約制度への転換と支援費制度の導入

措置制度から契約制度への転換は、保育では、改正児童福祉法の施行（１９９８年４月～）、高齢者福祉分野では介護保険法施行（２０００年４月～）により行われている。

２００３（平成15）年４月から、障害者福祉もこれまでの行政による措置制度に代わり、支援費制度というサービス利用方式が導入された。障害者がサービスを提供する指定業者との間で契約の締結を行うのであるが、運動によって、実施にあたっては負担増とならないよう、利用者負担は応能負担の原則がつらぬかれ、ほとんどが無料もしくは低廉な負担に押さえられた。

学生無年金障害者訴訟

1985（昭和60）年の国民年金法改正で20歳以上のすべての国民に基礎年金が導入され、20歳前障害者と主婦は無拠出で年金支給されるようになった。しかし、それまで任意加入だった主婦と学生のうち、主婦だけが強制加入となり、学生の強制加入は見送られた。その後、91年から学生も強制加入に、そして2000（平成12）年からは保険料の支払いを卒業まで延期する「学生納付特例制度」も設けられたが、法改正までに障害を負ってしまっていた無年金障害者の救済措置は全く取られなかった。そこで、「無年金障害者の会（1989年に関西を中心に結成）」では、学生の無年金問題を突破口に解決をめざそうと運動を進めた。

裁判闘争の支援

01年7月、全国9地裁で、30人が一斉に提訴した。大阪地裁に提訴した大阪、兵庫、奈良の原告11人を支援するために、9月「学生無年金障害者への年金支給を実現する関西の会」（関西の会）を結成し、私はその代表になった。シンポジウムを開いたり、ブックレットを出したりして支援活動を展開した。新潟地裁、広島地裁などでは勝訴したものの、大阪地裁、大阪高裁で敗訴、09年3月、最高裁で上告棄却の判決を受け、裁判は終了した。しかし、裁判闘争の支援が全国的に広がる中で、国会では１００名を超える超党派の議員連盟もでき、04年12月、「特別障害給付金」を支給する法律が成立し、月額１級障害５万円、２級障害４万円の支給が実現した。救済措置を取らせたことは成果ではあるが、まだ不十分だとして運動は続いている。

障害者自立支援法の攻防

２００５（平成17）年10月、障害者施策の一元化の名のもとに、「障害者自立支援法」が成立した。自立支援法になって、新たな利用者負担の仕組みに変わった。応能負担から、利用した量、金額の定率10％を払う応益負担制度になり、食費の実費負担、施設使用料負担も導入された。ほとんどの人が月２～３万円の負担増となった。

06年4月から応益負担など一部が実施されたが、反対の声が高まり、07年度・08年度と続けて、利用量負担上限の引き下げの措置がとられた。

06年12月に国連総会において、全会一致で「障害のある人の権利に関する条約（障害者権利条約）」が採択された。その目的は、「全ての障害者のあらゆる基本的人権が完全かつ平等に保障されること」「障害者一人ひとりの人間としての尊厳が尊重される社会になること」である。

「私たち抜きに私たちのことを決めないで」という障害当事者の声が大きなこだまとなって運動が広がる中で、08年10月には「障害者自立支援法は憲法に違反する」との訴訟が全国一斉に起こされた（第1次8地裁30人）。その後も2次、3次と提訴が相次ぎ全国で71名になった。

09年の総選挙でついに自民党から民主党に政権が移り、鳩山由紀夫内閣は自立支援法の廃止を約束した。10月30日に東京・日比谷公会堂で「さよなら障害者自立支援法　つくろう私たちの新法を　全国大フォーラム」が開かれ、1万人が参加した。10年1月、訴訟原告団・弁護団と国（厚生労働省）との基本合意文書が取り交わされ、和解に至った。当事者の代表参加のもと、1月には障がい者制度改革推進会議が、4月からは総合福祉部会が設置され、本格的な検討が進められた。10月29日、東京・日比谷公園を1万人以上が埋め尽くして10・29フォーラムが開催された。

11年7月、「障害者基本法」が制定された。難病が位置づけられたこと、手話が言語と認められたことなどは前進面であるが、「差別」や「合理的配慮」の定義が明確でないこと、精神障害者の社会的入院の解消について触れられていないなど不十分な面も残っている。

「障害者自立支援法」の制定の際、数多くの問題点に危機感をもった障害者団体は、集会や学習会を通じて団結し、障害種別を超えた共同の取り組みが大きく広がった。新たな障害者共同の運動の幕開けであった。私は1970年代の養護学校義務化反対運動などでの対立・分断の経験を潜り抜けてきた者として、共同の闘いの前進と時代の変化を実感し、心強く思っている。

名ばかりの「障害者総合支援法」

２０１１（平成23）年８月に障がい者制度改革推進会議・総合福祉部会での18回に及ぶ論議がまとまり、「障害者総合福祉法の骨格に関する総合福祉部会の提言（骨格提言）」がなされた。政府の依頼により55人の委員が１年半かけて議論し作成したもので、障害者権利条約と基本合意文書を基礎として今後の障害者福祉のあり方を提言したものである。

しかし、12年６月に成立した「障害者総合支援法」は自民党政権時の「障害者自立支援法」をそのまま横滑りさせただけで変わり映えしないものであった。

13年６月、障害者にとって暮らしやすい社会を築くことを目的として、障害者差別解消法が成立し、16年４月から施行されたが、実際に社会に定着、普及していない現状にある。

障害者団体やマスコミなどからも批判の声が上がり、障害者権利条約の理念に沿った「社会保障憲章・基本法」や「障害者・高齢者総合福祉法」の制定運動が提起されるようになった。

第２次安倍政権のもとで

改憲に向けて軍事的な政策の強行

２０１２（平成24）年４月に自民党は憲法改正草案を発表した。個別的、集団的自衛権をもつことや、国防軍の保持を明記している。12月に発足した第２次安倍政権は、日本の進路をさらに大きく右方向に、強引なやり方で舵を切り始めた。

13年12月、単なる軍事秘密保護という目的を超えて国民の知る権利と表現の自由を破壊する「特定秘密保護法」を強い反対の声を押し切って強行成立させた。首相は抜き打ち的に靖国参拝を行なった。

14年4月、アメリカと日本の兵器産業界の強い要求であった武器輸出三原則の廃止を閣議決定した。

こうして世界的規模での日米軍事協力の体制が強化されてきたが、そこには大きな壁があった。それは集団的自衛権の行使は憲法上できないという、それまでの政府解釈の存在である。その集団的自衛権の政府解釈の変更と憲法9条の改変の動きが本格化していく。

7月、集団的自衛権行使容認の閣議決定。また、辺野古の米軍基地建設に向け工事着工。

15年4月、日米軍事協力のためのガイドライン（第3次）を作成。武器輸出推進の中核となる防衛整備庁が発足。7月、集団的自衛隊の行使を可能にすることなどを柱とする安保法制関連法が強行採決され、8月、戦争法反対デモが国会前12万人、全国100カ所で繰り広げられた。

16年7月、参院選、初の18歳国政選挙で改憲派が3分の2以上の議席を占める。

17年6月、内心を処罰し国民監視体制をつくる「共謀罪法」が強行成立した。盗聴捜査が拡大し、表現の自由、言論の自由、報道の自由などが大幅におびやかされ、物が言えない委縮した社会になりかねない危険な法律である。実際にこれを使わせないようにしなければならない。

18年12月には新しい「防衛計画の大綱」を決定した。軍事力強化を明記し、日本の財政が危機的な状況にもかかわらず、19～23年度の新「中期防衛力整備計画（中期防）」は27兆4700億円になり、歯止めのない大軍拡が進められている。攻撃型空母への改修やF35戦闘機（1機116億円で4000人分の保育所ができる）を105機も爆買いするなど、米国とともに「海外で戦争する国」へ向けた動きが加速されている。

アベノミクスの成長戦略

安倍内閣はアベノミクスという経済政策を打ち出した。「第1の矢」は通貨・金融政策、「第2の矢」は財政政策、「第3の矢」は成長政策である。「第1の矢」による「異次元の金融緩和」、「第2の矢」による「財政出動」で、株価は上昇し、デフレからの脱却が行われるかのように宣伝されたが、今や三つとも行き詰まりをみせている。

2013（平成25）年1月、産業競争力会議、規制改革会議、教育再生実行会議をスタートさせた。産業競争力会議は6月に成長戦略「日本再興戦略」を発表し、これが「アベノミクス第3の矢」の「成長戦略」となった。

12月、社会保障制度改革プログラム法と同時に、生活保護法改正と生活困窮者自立支援法が成立した。生活保護基準の大幅な切り下げとあわせ、戦後最大の生活保護圧縮である。同月、産業競争力強化法、国家戦略特別区域法成立。これによって「岩盤規制」の撤廃をねらい、「世界で一番ビジネスのしやすい環境をつくる」ことをめざしている。

14年4月から5%から8%への消費税増税に続いて、5月には健康・医療戦略推進法、医療・介護総合確保推進法が制定された。公的保険制度をほぼ網羅し、国と自治体が深く関わってきた医療制度を、日本経済再生の柱になるような戦略産業に変えようとしている。

金権政治に対する批判の高まりで企業献金の自粛と引き換えに導入されたはずの「政党助成金」（1995年以来、毎年、国民1人あたり250円、320億円近い金額）が、それに反対して受け取らない日本共産党以外の党に、議席数や得票率に応じて配分されている。国民の税金で政党が運営されるのはおかしいことだ。また、最近は企業の献金が増え続けている。大企業が巨大な影響力で政治を左右することになり、主権者である国民の権利は侵害されるばかりである。

震災の被災者救済と原発ゼロへ

2011（平成23）年3月11日に起きた東日本大震災と福島第一原発事故は多大な犠牲者を出した。津波や原発の被害で亡くなった人は痛ましいが、なかでも障害者の死亡率は一般人の2倍から4倍にものぼった。障害者や高齢者は避難所生活も困難を極めた。住まいを失った人、避難所から仮設住宅へ、さらに災害公営住宅への移住へと不安定な生活を強いられたり、他府県に移住を余儀なくされた人々も含めると、ふるさとの自宅に戻りたくても戻れない人が８年経った今も４万人以上もいる。

特に深刻なのは、福島第一原発の事故の処理が進まず、溶け落ちた核燃料は溜まったまま、使用済み燃料の取り出しも遅れ、汚染水は溜まる一方、ぼう大な除染土も放置されたまま、犠牲者に対する補償も極めて不十分で、廃炉まで何十年かかるかもわからない。各地で裁判が進行中だが、東電の元幹部の被告らは何と無罪を主張している。政府は原発に固執し、原発の輸出政策を採ってきたが、各国が断る事態となり、完全に行き詰まっている。

小泉純一郎氏や細川護熙氏などかつて首相を務めた人々も原発ゼロを唱え、「原発ゼロ基本法案」を国会に提出するに至った。今や原発から自然エネルギーへ「エネルギーの大転換」が世界の趨勢である。

深刻化する教育問題

虐待・いじめは止まず

２０１３（平成25）年６月、いじめ防止対策推進法が成立。重大ないじめなどで学校に自治体首長などへの報告が義務づけられた。

14年6月、教育委員会法が改正され、首長権限が強化され、教育委員会の権限は大幅に縮小された。

15年6月、改正公選法が成立し、選挙権年齢が18歳以上に引き下げられた。

17年3月、次期学習指導要領の告示では、「主体的、対話的で深い学び（アクティブ・ラーニング）」が掲げられ、小学校で授業時間増と英語が教科に取り入れられた。

米国で提唱された指導法に、「ゼロ・トレランス（完全なる不寛容）」がある。軽微な逸脱行動から細かに罰則が定められ、子どもの行動に対して事情を聞くことなく即座に罰が用いられる。この指導法を導入した多くの現場から、子どもの新たな荒れが報告されている。

18年8月、厚生労働省の17年度調査で、児童相談所が対応した児童虐待の相談件数が約13万件と過去最多となった。10月、文部科学省の17年度調査で、小中高などのいじめ認知件数が約41万件と過去最多、年間30日以上の欠席の不登校も約19万人と過去最多となった。

教職員の長時間労働

２００８（平成20）年の学習指導要領の改訂による教育統制・授業コマ数の増加が拍車をかけ、小中学校の教員の長時間労働が増えていることが文科省の16年度調査で明らかになった。小学校教員の約3割、中学校教員の約6割が過労死ラインとされる月80時間以上の時間外労働をしている。

ところが、19年1月に中央教育審議会が公立学校教職員の「働き方改革」について出した答申は、異常な長時間労働の解消に必要な教職員増がないなど、不十分な内容で問題が多い。1年単位の変形労働時間制（変形制）を導入し、時間外勤務の上限を月45時間、年360時間とする指針を示した。そもそも教員の勤務時間について定めた公立教育職員給与特別措置法（給特法）は、教員の超過勤務を原則禁止し、それを前提に時間外勤務手当を払わないこととしてきた。学習指導要領の改訂で授業時数が増えても、残業の仕事が増えても、教員を増やしてこなかったことが原因である。多すぎる業務を減らし、教員を大幅に増員すること、給特法を改定し、残業代支払いを義務づけることなどの改善が必要である。

障害者差別の克服に向けて

特別支援学校のマンモス化

小学校・中学校の在学者数が過去最少になる中で、全国の特別支援学校に通う2018（平成30）年度の在学者数は過去最多の14万3378人になり、10年間で3万人も増えた。特別支援学校には未だに学級規模や校舎・運動場の面積などの「設置基準」の定めがないため、教室数が不足し、間仕切り教室や特別教室を転用した教室に子どもを詰め込むなど、深刻な教育環境の悪化が起きている。設置基準の策定や学級編成基準の改善を求める運動が各地で広がっている。

また、高等部卒業後、「もっとゆっくり学びたい」「仲間と青年期を過ごしたい」という知的障害や発達障害のある当事者・家族の声に応えて、「福祉型専攻科」という福祉事業を活用した学びの場が、関西から全国に30カ所以上広がっている。

教育への「合理的配慮」

障害のある学生が在籍する大学は2016（平成28）年度、全体の86％にあたる667校、学生数は約2万5000人で、12年度より約1万4000人増えたが、全盲や車いすの障害者に危険な場所が大学内に少なからず残されている。

高校や大学でも、障害者が平等に社会参加できるようにする「合理的配慮」が進みつつあるとはいえ、高校入試や大学受験の際の対応はまだ不十分である。全盲の視覚障害者が大学を受験する際、入試問題を点字に訳す「点訳ボランティア」が高齢化し確保できなくなっている。AI（人工知能）を入試と教育にもっと活用していきたいものだ。

文部科学省は19年度から、入院中の高校生にタブレット端末などを使った遠隔授業や病棟への教師の派遣を後押しする事業を5自治体でモデル的に始めることにした。

放課後等デイサービス

障害のある子どもたちに放課後や休日の居場所を提供する「放課後等デイサービス（放課後デイ）」が2012（平成24）年に始まり、急増した。もうけ主義の事業所が出てきて質の低下が問題になり、18年4月から報酬改定がなされた。重度の子が半数を超えた事業所を「区分1」としてやや高めの報酬を設定、それ以外を「区分2」とした。全国約1万3000カ所を超える事業所のうち8割を超える事業所が「区分2」となった。そのため大幅減収になる事業所が85％にもなり、子どもに寄り添った事業所までも存続の危機にさらされている。関係団体は、事業所の報酬は子どもの障害の程度ではなく支援の中身で評価すべきである、と制度の改善を求めている。

優生思想の反省

2016（平成28）年、相模原市の障害者施設「津久井やまゆり園」で元職員が入所の重度障害者19人を刺殺、27人に重軽傷を負わせた事件。元職員が発した「障害者は生きていてもしかたがない」という言葉が優生思想を表すものとして大きな衝撃を社会に与えた。「生産性のない人は生きる価値がない」とする優生思想が実は古くから社会にあり、旧優生保護法（1948～96年）で障害者らが強制的に不妊手術を受けさせられていたことが表面化した。

16年には、障害者差別解消法が施行され、「人格と個性を尊重し合いながら共生する社会をめざす」としたが、どこまで改善されてきているだろうか。

強制不妊の被害者たちは18年1月に宮城県の女性の初提訴以来、国に謝罪と補償を求める訴訟を次々と起こし、全国7地裁で20人が提訴している。18年12月には「被害者・家族の会」も設立された。かつて優生政策の普及をはかった日本衛生学会も過ちを認め、「優生思想」撤回の方針を決めた。日本精神神経学会と日本精神衛生会も自己検証を始めた。

被害者への「おわび」と一時金320万円の支給を盛り込んだ救済法が19年4月に成立したが、違憲性を認める言葉はない。一時金の額が低すぎることや被害者に個別通知をしないことなど、救済法への批判は強い。配偶者や遺族も救済対象にすべきで、本人への個別通知も必要だと被害者弁護団は主張し、訴訟を継続して法改正を求めている。

障害者雇用率の水増し問題

厚労省は2018（平成30）年4月から、障害者雇用促進法による法定雇用率を国・自治体は2・3％から2・5％へ、民間企業は2・0％から2・2％に引き上げた。

ところが、国・自治体の雇用率の水増しが発覚し、大問題になった。何しろ制度発足の当初から42年間も率先垂範すべき厚労省を始め、国・自治体が水増しを行なっていたのだ。水増し・

不正によってどれだけ多くの障害のある人が就職の機会を奪われてきたことか。

この制度は当初は身体障害者が対象で、知的障害、精神障害にも拡大、法定雇用率も段階的に上げられてきた。法定雇用率を達成できていない企業からは未達成分1人あたり月5万円の納付金を徴収、改善しないと企業名が公表されるなどの制裁があるが、国・自治体にはなかった。徹底検証と合わせて、難病、慢性疾患患者を法的雇用率の対象にするなどの改善策が求められている。

障害に応じた配慮が職場で進めば、障害者の働く権利の保障は大きく前進することは間違いない。社会全体がその方向に進んでほしいものだ。

中途障害者作業所の取り組み

「人生の半ば、いわば働き盛りの時に、病気や事故などにより障害を負うことになったら、あなたならどうしますか。家族をかかえてどう生きていけばいいか、暗闇に落とされたような気持になると思います。…残された機能を生かし働いてこそ生きがいがもてるのです。…」

これは、中途障害者の無認可作業所「工房ヒューマン」を紹介するパンフレットに記した私の挨拶文の一部である。「工房ヒューマン」が吹田市の地で設立された1997年当初から運営委員長として、認可後は社会福祉法人の理事長として運営にかかわってきた。最近は、脳を損傷し、日常生活の出来事をすぐ忘れる、物事に集中できない、感情のコントロールができにくいなどの症状が出る高次脳機能障害の方が増えている。「工房ヒューマン」は、約80人が通所し、3カ所でさをり織製品、クッキー・ケーキ製品、名刺、デザイン、印刷などを手分けして行なっている。全国的には100カ所足らず、経営にはみな苦労している。

終章

平和・自由・人権の21世紀に

到達点――じぐざぐしながらも共同の力と粘り強い運動で前進してきた

平和はそれをおびやかす圧力を受けながら、何とか守り抜いてきた

しかし、戦争する国づくりが進んでいる。

戦前の約75年は、遅れて近代化に着手した日本が列強に負けじと富国強兵をめざし、日清・日露戦争、続いて第1次世界大戦、日中・太平洋戦争へと、いわば戦争に明け暮れ、国民は長い間苦渋に満ちた生活を強いられ、梅雨の晴れ間のようにしか平和な時間を味わえず、厳しい時代であった。特に満州事変に始まる15年戦争の時代は、「一億玉砕」といわれる破滅的状況へと奈落の底に落ちていくような悲惨さに見舞われた。

社会的弱者といわれる人々、障害のある人や病気のある人々は、戦争に役立たない存在として、「殺つぶし」「非国民」などと非難され、差別され続けた。特に敗戦までの半年間は東京大空襲、沖縄玉砕、そして原子爆弾投下という残酷極まりない幕切れで戦争は終わった。

その間の国民の犠牲の大きさは計り知れない。国民には戦争の真実の姿は隠されたまま、国体を護持し、天皇陛下のために命を捧げることのみが国民の義務とされた。平和を求める動き、自由と人権を守ろうという動きは徹底的に息の根を止められてしまう。ただその中でも弾圧を恐れず戦争反対、天皇制の専制政治反対を闘い続けた人々がいたことを忘れるわけにはいかない。

焦土と化した戦後の日本は、平和、民主主義、国民主権の新憲法をもち、「文化国家の建設」に向かうはずであったが、民主的改革は挫折して古い勢力が復活し、アメリカに従属しながら軍事力を高めていく構図ができる。それは国民の粘り強い抵抗を受けながらも、今や戦争する国寸前のところまできている。それでもかろうじて平和が保たれてきたのは、憲法9条があったからである。

日本が大好きになり日本国籍を取得した日本文学の研究者ドナルド・キーンは「憲法9条のすばらしさは戦後の日本が一人の戦死者も出していないことに表れています。70年の長きにわたって平和であったことは、歴史を振り返っても、とても珍しいことです」と言っている。

もちろんきれいごとではいかない。日本の戦後復興は多分に朝鮮戦争の際の特需景気のお陰を被《こうむ》ったし、ベトナム戦争も高度経済成長の一助になったことは否めない。沖縄は前線基地になり、米軍は日夜出撃を繰り返したが、日本国民のベトナム侵略戦争反対の運動も激しく行われた。徴兵制が敷かれている韓国では、韓国軍はアメリカに協力して延べ32万人を出し、約5000人が犠牲となり、9000人にのぼるベトナムの民間人を虐殺したといわれる。

憲法9条のおかげで、表向きには日本は戦争に加担しないできた。悲惨な戦争を体験し、身に染みて平和の尊さを知っている人たちは年々減少し、ごくわずかになった。戦後生まれの人たちの時代になり、戦争体験を継承するとともに、戦後の再軍備の推移と現状把握が大事になってきている。

日米安保条約という軍事同盟のもとで沖縄の占領支配や本土の米軍基地の存続など、アメリカに従属する形で絶えず圧力をかけられている状況が今なお続き、むしろ強化されていること、沖縄は本土復帰後も占領時代と従属的な関係は変わらず、基地返還も思うに任せない状況が続いている。辺野古新基地建設の埋め立て反対の沖縄県民の声を無視して、なおも土砂投入を強行する政府はむしろそれを助長している。

「憲法の上に日米地位協定があり、国会の上に日米合同委員会がある」（翁長雄志前沖縄県知事の言葉）。米軍の特権を定めた日米地位協定を盾に、在日米軍の兵士や軍属に国内法が適用されていない。欧州並みに国内法適用を求めることは最低限の要求である。

戦後処理の不十分さ

戦争責任をあいまいにし、戦後処理が全く不十分なまま、古い勢力が権力を握り政権を維持してきたツケが、今になってもさまざまな不協和音をはじき出している。

過去の戦争被害の補償では、欧州諸国は人権や国民の被害の平等負担という観点からされているのに対し、日本は「お国のために死んだ人たちだけを援護しよう」というもので、「臣民」であった国民は受忍（我慢）してもらうという、特異な補償制度をとってきた。したがって、東京大空襲の被害者や遺族が起こした訴訟も大阪大空襲訴訟も最高裁で敗訴した。軍人恩給も将校と兵、軍属では大きな差がある。

対外政策でもしかり。例えば、日本政府は今でも「韓国併合は合法だった」と主張し、植民地支配の責任についての正式の謝罪もなく、日韓基本条約（軍事独裁政権の朴正熙によって結ばれた）によって解決済みであるとしている。人道に対する被害者の問題は、被害者個人からの請求権は否定されていない。朝鮮人の強制連行・強制労働の問題や「慰安婦」問題にもまともに向き合おうとしないため、日韓関係は悪化するばかりである。

日露関係でも北方領土問題で政府交渉のやり方では押され気味である。なぜか。国際的な道理に立った交渉をやらないからである。問題の根本は、１９４５（昭和20）年のヤルタ協定（密約）で、当時のソ連のスターリンが「千島列島を寄こせ」と言って米英ソで取り決めたことにある。それに拘束されて51年のサンフランシスコ講和条約で、日本政府が千島列島の放棄をしてしまったが、第2次世界大戦の戦後処理の大原則は「領土不拡大」であった。それに反する不公正な取り決めをやったことにあるのだから、この不公正をただして、全千島列島が日本固有の領土だということを正面から訴える交渉をやることが肝要である。

加害と被害、その両面にきちんと向き合おうとしない歴代政権の姿勢をただすことができずにきてしまったことが、今に至っても多くの宿題を残すことになっている。

いろいろなしばりはなくなり、自由度は増してきた
しかし、自由を味わえる人とそうでない人との差が広がっている。

戦後は家父長制などの古いしきたりから解放されて、恋愛や結婚、進路、住まいの選択などさまざまな面で自由度が大きく広がった。電化製品の進歩で生活しやすくなり、掃除・洗濯などの時間も節約でき、余暇を楽しむ時間的余裕も生まれるようになった。しかし、長時間労働による過労死があとを絶たず、非正規の低賃金労働者が増え、貧困と格差が広がる中では、自由を楽しむ余裕がある人とそうでない人との差は広がるばかりである。多くの人が、結婚し子どもを育てる余裕がなくなり、少子化が進む一方になっている。

一方で、2018（平成30）年に日本人の平均寿命は女性が87・32歳、男性が81・25歳と、いずれも過去最高になり、今や人生100歳時代といわれるほど高齢化が進んでいる。それに伴って、医療や介護の依存度も高まり、年金だけでは生活できない高齢者も増えている。経済的な余裕ができれば、時間的な余裕も多くなり、自分の好きなことができる自由度は増す。生産年齢の人たちの時間的余裕を確保することと合わせて、「健康で長生き」を保障する世の中にしていくことが強く望まれる。

バリアの改善はある程度進んできた

障害の種類によってバリア（障壁）は異なるが、ここでは主に視覚障害者のバリアとその改善がどこまで進んでいるかをみていきたい。

視覚障害者には「3つのバリア」、すなわち、読み書き、移動、職業選択のバリアの改善が切実である。

点字の本は墨字（普通字）の本を点訳する関係で、数が少なく価格も10倍ほど高くつく。その価格差補償の運動が実を結び、1991（平成3）年、「点字図書給付事業」制度ができ、原則「年間6タイトル・24巻」を限度に普通字の本並の値段で購入できるようになった。また、コンピューターの技術開発で、点字で入力できるソフトが開発され、点字データとして保存できるようになった。郵便物の封筒に点字を付けて、視覚障害者が自力で判断できるようにしてほしいなどの課題はまだ残されている。

点字が使えない人には、これまでカセットテープに録音したのを聴くことが主であったが、デジタル録音図書がつくられるようになって、より簡単に聴けるようになった。インターネットの普及と技術の進歩のおかげで読書環境が良くなっているのは何よりである。視覚障害や上肢の障害、発達障害などがある人たちの読書環境を整えようと「読者バリアフリー法」が19年6月に成立した。国や自治体の責務として、音声読み上げに対応した電子図書の普及に向けた施策などを求めている。

日常生活で見え方に支障が出る人を支援する「ロービジョンケア」が広まり、補助具や最新のＩＴにより、できることが増えている。携帯型拡大読書器や高感度カメラが付いた眼鏡など、ＩＴ機器は視覚障害者にとっての必需品になりつつある。

移動の自由は、点字ブロックの敷設や音響信号機の設置で安全確保が進んできたが、依然として危険な個所は多い。駅のホームは「欄干のない橋」であり、転落事故は絶えない。視覚障害者の団体が「手をつなごうすべての視覚障害者全国集会」を開いて国土交通省や各鉄道事業者への要請行動を繰り返し行う中で、最近、乗降客の多い駅には優先的に「ホームドア」が整備されるようになってきた。18年度末時点で全国のホームドア設置駅数は７８３駅となっている。

なお、タクシーに車いすの乗り降り用スロープの設置作業の簡素化が進められたり、障害者が鉄道やバスなどを使う際、毎回手帳を示さなくても、ＩＣカードを改札でかざすだけで、割引運賃で乗車できる仕組みの検討も始まっている。

働く自由は、深刻な事態である。視覚障害者の職業としては理療（あんま・はり・灸）が伝統的に受け継がれてきたが、１９８０年に大幅な診療報酬改定が行われ、マッサージの診療報酬項目が消えてしまい、マッサージ師は病院を辞めざるを得なくなった。自営の理療業も仕事は減る一方で、生活は極めて困難になっている。

日本盲人福祉会（文月会）と全国視覚障害者協議会（全視協）が共同で「視覚障害者の雇用促進連絡会」（視障雇用連）を結成して運動を続け、１９９１年の国家公務員試験に点字を認めさせるなどの成果をあげているが、視覚障害者の就労は依然として狭き門である。

手話については、国連障害者権利条約（２００６年）に「手話が言語である」と明記された。日本でも２０１１年の改正「障害者基本法」で初めて手話の言語性を認める法律的裏付けができ、鳥取県など地方自治体で手話言語条例が制定されるところも出てきている。

知的障害などで読み書きが不自由な人たちが読みやすいように工夫された「ＬＬブック」もつくられ始めている。また、知的障害者にはニュースの記事や書類内容が難しいということで、わかりやすい表現の啓発に取り組む動きもある。

文化・スポーツの向上と広がり

映画で評判になった「こんな夜更けにバナナかよ　愛しい実話」の原作は、筋ジストロフィーの重度身体障害者、鹿野靖明さんを取材して渡辺一史さんが書いたノンフィクションである。障害者が当たり前に生きるには、もっと「迷惑」をかけてもいい——のべ500人を超えるボランティアは鹿野さんを支えることで彼らも支えられていることを知る。鹿野さんの命がけの「わがまま」が、誰もが暮らしやすい社会への可能性と希望を切り開くことを示している。

全盲のバイオリニスト和波和禧《わなみたかよし》さんやピアニストの辻井伸行さんなどプロとして活躍している人も増えている。難病で右手が使えなくなっても左手でピアノを弾くピアニストもいる。全盲の落語家桂福点さんや車いすのお笑い芸人ホーキング青山さんなど、各分野での活躍もみられるようになった。

パラリンピックがオリンピックに続いて開催されるようになり、障害のある人がいろんなスポーツに参加して記録を伸ばしているが、まだまだ施設の利用や練習の機会などで恵まれない環境に置かれている。障害のある人もない人も、共にスポーツを楽しむ機会と環境をつくっていくようにしていきたい。

人権を保障する法的規制は進み、人々の中にも人権を尊重する気風は広がってきた
しかし、偏見や差別意識などが根強く残っており、折にふれて、表に出てくる。

法の整備は国民の根強い要求運動の成果として少しずつ進んできているが、実質化するには国民の監視とさらなる要求運動が必要である。

例えば、生活保護。憲法第25条には「すべて国民は、健康で文化的な最低限度の生活を営む権利を有する」と明記されており、生きていく最後の砦の役割を果たしている。しかし、現実には生活保護基準以下の8割の人が受給できていない（漏給）。そして未だに受給者へのバッシングは絶えない。

障害のある人や病気を抱えた人たちの権利保障がたゆまない実践と運動の積み重ねを経て獲得してきた成果は大きいものがある。その証拠が長生きできるようになったことにも表れている。障害児や障害のある人の多くが家族の庇護のもとでやっと生きていた状況から解放されて、学校にも行けるようになり、医療の進歩で長く生きられるようになった。比較的短命とされてきた人たちの寿命が伸び、50～60歳を超える人も多く出始めている。

しかし、以下に述べるように、差別や偏見は根強く残っており、人権が保障されているとはまだまだ言えない状況にある。

いまも各地のハンセン病療養所では後遺症で介護が必要だったり社会復帰できなかったりし

た約1300人が暮らしている。地域に差別意識を植え付け、家族までも苦しめた責任は、誤った強制隔離政策を続けた国にある。国は謝罪し補償金も支給したが、元患者の傷は癒えない。ハンセン病患者だけでなく家族も差別被害を受けたとして、元患者の家族が集団で国に謝罪と補償を求めた裁判で、熊本地裁は2019（令和1）年6月、国の責任を認め、損害賠償の支払いを命じる判決を下した。国が控訴しないという方針を決め、判決が確定した。この意義は大きい。

水俣病公式確認から60年以上経過したが、認定されない被害者がおり、今なお多くの被害者がさまざまな症状に苦しんでいる。そのうちの1860人が今も裁判を闘っている。19年2月「命あるうちに救済を」と患者たちは国会内で集会を開き、国に被害の認定と救済を求める訴えを行なった。

カネミ油症事件（食品公害事件）は1968（昭和43）年に発生して50年経った。米ぬか油に混入したダイオキシン汚染だが、認定基準が厳しく、約1万4000人が被害を訴えたが、認定患者数は2322人にとどまっている。カネミ油症救済法ができたのは2012（平成24）年、それまで国の補償は特になかった。

15年に施行された難病法で、医療費助成の対象が56から331疾病に拡大したが、線引きが厳しくなり、対象外となった軽症の患者が15万人もいる。日本難病・疾病団体協議会（ＪＰＡ）

が国会請願を行なった時の発言で「障害年金を打ち切られた人もいます。治療費の自己負担が重いだけでなく、病気への理解が進んでいないため社会参加、就労の継続が困難な場合が多い」と制度改善を求めている。

日本は長年、精神障害者の隔離収容政策を進め、精神病床数が今も全世界の20％を占める「精神病床大国」である。患者の平均入院日数も突出して長いのが特徴である。入院患者数は約28万4０００人、入院期間が10年以上の患者は約5万5０００人に上る。手足や胴を拘束具でベッドにくくりつける身体拘束を受けた入院患者が1万2０００人余に上り、6割が高齢者だった（厚労省2０17年調査）。患者団体や専門家からは「実際には安易に行われ、人権侵害の恐れがある」と指摘されている。早期治療や精神障害に対する無理解・偏見の克服、利用しやすく人権に配慮された医療や福祉施策の充実や利用しやすさが求められる。

高齢障害者の介護保険優先原則を盾に65歳になった途端にすべての障害福祉サービスを岡山市が打ち切ったのは違法だとして、重度の障害がある浅田達雄さんが岡山地裁に提訴した裁判は、全面勝訴した。ところが国は介護保険申請をしない障害者の福祉サービスを打ち切らないという通知を出そうとはしていない。

障害のあるなしにかかわらず、あらゆる人が生きやすい社会をめざし、合理的配慮を法的に定めた「障害者差別解消法」が2０1６（平成28）年4月からスタートしたが、多くの国民に周知されていない。「日本障害フォーラム」（ＪＤＦ）が「施行後の実態について」アンケート調査した結果では、ほぼ半数が差別的経験をしていることが明らかになった。「企業に手話通訳をお願いしたが断られた」「盲導犬ユーザーで、店が狭いなどの理由で入店を断られた」「車いすだからといって子ども扱いされた」など多様である。相談窓口があることを知らない人も多い。国と自治体は法的義務があるが、民間事業者は努力義務にとどまっている。今の枠組みでは限界があり、見直しが求められる。

「障害」の捉え方と呼称

障害や病気には誰もがいつなるとも限らない。決して他人ごとですまされない問題である。年齢を重ねるにつれて、老化現象、体力的な衰えは避けがたく、視力や聴力も衰えていく。つまり、大なり小なり障害のある人になっていく。だから個人の責任ではなく、社会全体で保障していこうというのが今の流れである。とはいっても、自分がそういう状態になってみないとわからないことは多い。元気な間は、あるいは事故に遭うまでは、自分が障害や病気でどうなるかは想像しにくいことである。

明治・大正の頃に使われていた「廃人」「不具廃疾」などの言葉は差別的表現として次第に使われなくなり、代わって「障害者」「肢体不自由」などの言葉が使われるようになった。「白痴」や「精神薄弱」も「知的障害」に変わってきた。

ところで、「障害」という表現はどうか。①さわり。さまたげ。じゃま。②身体器官に何らかのさわりがあって機能を果たさないこと（『広辞苑』）のように、余りよいニュアンスではない。したがって最近は、「害」の字がきつすぎるとして「碍」の字を使ったり、「がい」と平仮名表記にする流れが広がっている。

また、「障害者」というのではなくて、「障害のある人」という言い方をしようという意見もある。「障害のある普通の人」という意味合いをもつので、私もなるべくこれを使いたいと思う。問題は、障害のある人をどうみるか、どう接するかである。かつて解放教育が盛んであった地域の学校で障害児を「ガイジ」「ガイジ」と言ってさげすみ、差別するようなことがあった。今、日本でもヘイトスピーチが増えている。社会的な偏見・差別をなくしていくことが依然として重要である。

これから──現状をしっかり把握し、歪みをただしていこう

米露中の核軍拡競争と核廃絶の国際世論の高まり

これからの日本、そして世界はどうなっていくのだろうか。

アメリカとロシアの核軍拡競争は歯止めがかからない。アメリカはミサイル防衛と称して宇

宙にまで兵器を配備する計画を立てており、対抗上、ロシアや中国も開発を進めている。アメリカと中国の軍事費の増加が世界全体を押し上げ、2018（平成30）年度の世界の軍事費は1兆8220億ドル（約203兆円）にもなっている。

核軍拡競争を食い止める力は、核兵器廃絶を求める世界の世論だ。2017年7月、国連で加盟193カ国中122カ国の賛成で採択された核兵器禁止条約に、唯一の被爆国日本の代表が交渉にも採択の場にも加わらず、ヒバクシャはもちろん多くの国民の願いを踏みにじった。1919年8月時点で70カ国が署名、25カ国が批准を済ませた。発効に必要な50カ国批准に向けた取り組みが核保有国の圧力がかかる中で今も進められている。日本でも条約参加を求める地方議会の意見書は400を超え、ヒバクシャ署名は941万人が賛同する大きな運動になっている。

アメリカは自国の軍事費増の負担軽減のために、在日米軍駐留経費の1・5倍を要求してきているのは何と厚かましいことか。また、北朝鮮の完全非核化を要求するのであれば、まず自ら核軍縮に手をつけるべきではないのか。

ムダな軍拡競争をやめ、平和外交を

日本は債務残高（国の借金）が1089兆円と世界トップレベルになっている。大量の国債は、破たん寸前だった第2次世界大戦末期に匹敵する水準である。このツケを若い世代に先送りするつもりなのか。

2019（令和1）年度予算の防衛費は5兆2000億円になり、アメリカの要請に応じて年々増やし、軍拡競争を続けている。米製兵器の爆買いは目に余るものがある。こうした軍備増強と対立を強める政策が周辺諸国との緊張を高めている。辛抱強く対話を重ねる平和外交に徹することが強く求められる。

なお、世界の食料危機は1年につき300億ドルあれば解消できるという（国連の食料農業機関）。それは、世界中の国々使われている軍事費の2％以下である。

地球環境の破壊に対して

地球温暖化による地球環境の破壊が待ったなしの状況にまで進み、その危機感が、世界中に高まりつつある。

2015（平成27）年の国連気候変動枠組み条約締約国会議（COP21）で採択された「パリ協定」は1年弱のスピードで発効し、2020年からの温暖化対策の国際ルールを決めた。産業革命からの気温上昇を2度未満、可能なら1・5度未満に抑えることをめざし、すべての国が温室効果ガスの削減に取り組むこととし、今世紀後半に温室効果ガス排出を実質ゼロにすると決めた。

しかし、18年10月に公表された気候変動に関する政府間パネルの報告では、世界の平均気温はすでに1度上昇しており、今のままの排出量が続けば、30年ごろには1・5度に到達し、気象災害や海面上昇、生態系の破壊など深刻な影響を与える、と警告している。

日本の削減目標は、30年度に13年度比で26%と設定しているが、国際的な基準で換算すると、わずか18%であり、「2度未満」の目標達成すら難しい低い目標である。目標を引き上げ、2030年目標は少なくとも90年比で40～50%削減すべきである。原発優先政策と石炭火力発電推進の政策をやめ、再生可能なエネルギー政策への抜本的な転換が必要である。

首都圏反原発連合（反原連）が行う原発反対の首相官邸前の抗議行動は、開始から7年を迎えた今も続いており、さまざまな団体やグループが官邸前や国会前での抗議を行なっている。こうした抗議が圧倒的多数の脱原発世論に支えられ、政府の原発推進政策は窮地に追い込まれている。

プラスチックごみによる海洋汚染対策も今や国際的な課題になっている。

地球温暖化で将来を危ぶむ若者たちが、対策がにぶい国際社会に対し声を上げ始めた。スウェーデンの一少女（16歳）が単身で始めた抗議行動が世界に広がっている。19年3月15日には、世界各地の高校生や大学生が授業をボイコットして「気候のための学校ストライキ」を一斉に実施した。世界約120カ国2000カ所に広がり、科学者1万2000人以上が支持声明を出した。日本の若者も小人数ながら抗議行動を起こした。若い世代が「私たちの未来を奪うな」と怒りの声を上げていることに敬意を表したい。

また、世界がグローバルな水危機に向かっていることも問題である。日本でも気候変動の影響で強い雨が増えている半面、年間降水量は減っている。世界的な人口増加によって水の需要が増え、近い将来、慢性的な水不足に直面するといわれている。国連の持続可能な開発目標では、2030年までに達成すべき17の目標が掲げられている。貧困、健康と福祉、教育、ジェンダー、気候変動、責任ある生産消費など幅広いテーマが取り上げられているが、すべての目標に水が関連している。水の保全は、それを育む自然環境全体でとらえなければならない。

世界中の科学者が参加する国際組織は、存在が推定される800万種のうち「すでに動植物約100万種が絶滅の危機にある」と警告している。エネルギーや食料、水などの大量生産・大量消費を見直さなければならない。

世界の富の偏在について

世界の富豪上位26人が独占する資産は約1兆3000億ドル（150兆円）に上り、世界人口の半数に当たる貧困層38億人が持つ資産とほぼ同額だと、国際NGOオックスファムは指摘している。

1日3・2ドル（約350円）未満の購買力で生活する「働く貧困層」が世界に約7億人おり、劣悪な労働条件で働く人が多く、待遇改善が課題だという報告書を国際労働機関（ILO）が発表した。2018（平成30）年の世界の生産年齢人口（15歳以上）は57億人、うち職に就いているのは33億人で、安定的な雇用は39％に対し不安定な雇用が61％を占めた。女性の就労率は48％で、男性の75％と比べると開きがある。

富裕層の要求に沿って人為的に構築されたのがタックスヘイブン（租税回避地）であるが、富裕層、大企業への公正な課税が国際的な重要課題になっている。オックスファムは、最も裕福な人々がわずか0・5％多くの税金を払えば、現在教育から排除されている子どもたち2億6200万人に教育を与え、330万人の命が救えるとしている。

広がる日本の貧困と格差

年収200万円未満は1085万人（21・9％）。生活保護受給者は209・7万人、163・9万世帯と貧困と格差は広がっている。平均所得以下の世帯は全世帯の6割を超え、過半数の人が「生活が苦しい」と答えている。

子どもの貧困率は13・9％（7人に1人）で、主要国の中では依然として高く、ひとり親世帯は過半数が貧困状態のままである。大人を含めた全体の貧困率は15・6％。主要36カ国では29位だった。

家計支出は5年連続で減少しており、2人以上の世帯が使ったお金は月平均28万7315円。賃金が伸び悩む中、節約志向が鮮明になった（総務省18年の家計調査）。賃金の伸びが物価の伸びに追いついていない状態が裏付けられた形だ。

一方で、100万ドル（約1億1300万円）以上の金融資産家は538人にのぼる。

男女の平等度はどうか。スイスのシンクタンク世界経済フォーラムによると、2018（平成30）年度の男女平等度ランキングが、日本は149カ国中110位で、主要7カ国（G7）では引き続き最下位だった。日本は、女性の国会議員数が依然として少ないことが響き、政治分野で125位、経済分野では117位である。

幸福度はどうか。最高の人生を10、最低を0とするなら今はどこ?の質問に対して、日本は5・9、国の順位は54位で、先進国では低めの順位である（156カ国・地域で調べた国連の幸福度調査報告2018年版）。

歪みをただす

森友学園問題では、国有地を8億円も値引きして払い下げる便宜をはかったのは、安倍首相夫人が深く関与していたからだが、忖度《そんたく》して公文書の改ざん、隠蔽、虚偽答弁を行なった財務省幹部らをかばい、責任をとらない不当な政治がまかり通っている。

政権与党とのなれ合い政治の中で、障害者雇用率の水増しを国や自治体の行政機関が永年やっていた問題や自衛隊の不誠実な日報問題、統計調査の不正問題など、次から次へと噴き上がってくる国の行政の腐敗ぶりは目に余るものがある。

こうした証拠隠滅、隠蔽、虚偽の情報を流す、国民に本当のことを知らさない、いざとなればだれも責任をとらないなどの悪しき習慣、慣例が、特に政治の世界で戦前からただされずに引き継がれてきている。根深いだけにこれをただすのは並大抵ではないが、こうした政治を許してきた責任の一半は国民の側にもあるのではないだろうか。国民自身がもっと権利意識にめざめ、ただしていく必要がある。

例えば、国政選挙での投票率はどうか。ここ数十年をみてもほぼ半分ほどの投票率で推移してきている。そして最近では、中・高年に比して若者層、特に20歳代がずっと低いままである。しかも政権与党への支持率が高いという傾向も気になるところだ。今の政治に期待がもてず無関心になる、前途に希望が描けないという諦めがあるのかもしれないが、諦めは敗北だ。

各種の世論調査で、「賛成」「反対」「どちらでもない」の3択の場合の「どちらでもない」という回答がかなり多いのも気になる。問題にもよりけりだが、はっきり意思表示しない悪弊が未だにあるのではないか。自分の意見をしっかりもつ自覚が必要だ。

2016（平成28）年の参議院選挙から、選挙権が18歳に引き下げられたが、18〜19歳の投票率は46・78％、19年の参議院選挙は31・33％であった。学校教育の中では未だに政治意識を育てるどころか押さえ込む管理・統制主義がまかり通っている。小・中学校の段階でも自分なりの考えをもち、討論して社会的視野を広げる活動が育ちにくい指導体制が根強くある。そもそも不登校やいじめなどは選別・競争・管理強化の教育に対する子どもたちの心からの反発・批判の叫びである。不登校やいじめ・暴力・虐待といった問題の解決をはかるためには、付け焼刃的な対症療法ではどうにもならない。ところが今の教育政策はさらに逆の道を突っ走っている。今の教育を抜本的に見直し、選別・競争の教育からそれぞれが共に育つ教育へ、学ぶことが楽しくなる教育への転換をはかっていく、そのための国民的な意識を変える教育運動を強めていきたいものだ。

元号と天皇制について

天皇の代替わりに合わせた新元号問題が世間を賑わせた。退位と即位の代替わり儀式もたいそうに相次いでなされた。政教分離の日本国憲法の建前からいうと祭祀は皇室の私的事項であるが、これを公的行事にする動きが強められている。

天皇は世襲制であり、平等や人権を掲げた憲法の中で例外的存在である。それを踏まえ、平成天皇は象徴天皇として何ができるかを考え、戦争犠牲者の追悼・慰霊の旅や被災地訪問などを精力的にされた。世論調査では、象徴の役割を高く評価するとともに、現在も半数近くが距離を感じる、と回答している。それにしても天皇の代替わりごとに年号が変わるのは大変だし不便だ。行政の公的文書は元号だけが多く、西暦と併記される文書もある。本書は時代の流れを捉えやすくするため併記したが、いっそのこと西暦一本にする方が余程すっきりする。天皇制についても、国民主権の国家において象徴とはいえ特別な地位の人を置くというのは平等の原則に反することであり、将来的にはなくしていく方向での論議がなされるべきではないだろうか。

国民主権の確立に向けて

いろいろあっても戦前との大きな違いは、国民の権利意識は大きく成長し、黙ったまま泣き寝入りはしない、「継続は力なり」と要求運動を粘り強く継続する、どんなに時間がかかっても裁判に訴えてでも闘い抜く経験を数多く積んできた。この点でも、戦前との大きな違いがある。日本の司法は、国民の側に立って民主的な判決をしているとは到底言い難く、上級審になるほど今の立法、行政機関におもねる判断を下すことが多いが、不当なやり方に抗議し、闘う気風は国民の中に培われてきた。不本意ながら不妊手術を受けて子どもが産めなくなった人が、人にも言えず、長い間泣き寝入りしていたが、勇気を出して裁判に訴え、それに続く人が出てきて大きな社会問題に発展したことをみてもそれは明らかである。

それから、「小異を捨てて大同につく」、よく話し合って、個々の意見の違いを大切にしながら一致できる点で大同団結し、仲間を増やしていく、つながりを大切にし、連帯して闘うすべを身につけてきたことでも、隔世の感がある。

障害者問題の解決の方向

障害のある人自身の高齢化と共に家族の高齢化も進み、それに応じた福祉施設や制度の充実に関わる課題が増えてきている。

障害のある人の対象範囲が広がり、医療的ケアを伴う重症心身障害児・者、自閉症スペクトラム的な行動障害を伴う人々、最近特に注目されている、人間関係を保つのが苦手な「発達障害」など、多種多様な障害に対する対応が大きな課題になってきている。

障害の原因に対する医学的診断や治療法が最近急速に進みつつあるが、それがわからずに大人になった人々は途方にくれ、社会的対応も立ち遅れている。各方面の専門家の育成・配置が求められる。

差別や排除がなく学習参加の権利が保障される「インクルーシブ」な学校づくりや、障害者も積極的に参加・貢献していくことができる「地域共生社会」づくりが、文科省や厚労省も含めて強調されるようになってきた。しかし、理念に先走ることなく、障害のある人々自身が周りの人と共に意見を出し合い、政策を出していく取り組みが重要になっている。

平和と自由と人権の世紀を！

まず何よりも平和な社会を築く。そのためには世界的な協力関係が必要だ。国連憲章にもとづく国際的な平和の秩序を本気でつくっていくことに努めよう。国際的な交流を豊かにし、異なる文明の平和共存を実りあるものにしていくことも重要だ。

もうけ第一主義を克服し、不公正な富の偏在をただし再配分していく。大企業の内部留保を活用して、社会保障の財源にしていく。そのことが内需と雇用の拡大につながる。税制を抜本的に改革し、応能負担の原則を確立し、年金財源も生み出す。労働時間の短縮と最低賃金制の確立で安定した雇用を確立する。

こうした民主的な政策を実行していくことで、すべての人の生きる権利を守りぬくことができる。

今は一部の人を除いて、大多数の人が長時間労働や低賃金、低年金の生活を余儀なくされ、人生を楽しむ余裕をもちにくい世の中である。超過勤務をたくさんすることで低賃金をカバーしている日本の多くの労働者が、超勤をなくしても食べていける賃金を獲得し、家庭での一家団らんや趣味を楽しむ時間的余裕を得られるように、労働時間を短縮させることと、最低賃金制を実現することが、目下の重要目標である。退職後も働かざるを得ない低年金の状況ではあるが、社会保障制度を充実させて、自分の時間を獲得し、趣味や道楽、自分の好きなことを楽しむ時間的余裕を得るならば、人生１００歳時代も有意義に人生を過ごせることになる。

そういう時代を、ＡＩ機器などの助けも借りながら、障害や病気のある人も含めてすべての人々が豊かな人生が送れる時代をぜひともつくり出していきたいものである。

社会的矛盾が強まり、何とかしたいと願う人たちが世の中の多数派である。力を合わせれば世の中を変えていくことができることに確信をもとう。まさに変革の時期を迎えているのだ。力を合わせて、平和と自由と人権を確立する世紀を実現しよう！

あとがき

本書執筆の動機は、いまの日本の現状が戦争する国に限りなく近づいている危機感である。平和憲法が空洞化され改悪されようとしているのをどうしても食い止めたい。その現状を正しくとらえるためには、国民の立場、とりわけ弱者の立場に立った歴史認識が必要ではないかと考え、明治以降の150年をたどってみたわけだが、直接的なきっかけは二つある。一つは、河野勝行さんのお見舞いに行って刺激を受けたこと。河野勝行さんといえば、本書の101頁の囲み記事にある人で、生まれが終戦の前年、母親の過労と栄養不足で超未熟児で生まれ、脳性まひになった。府立堺養護学校卒業後、大阪市立大学の直木孝次郎教授の研究室で歴史学を学び、『ぼくも働きたい―障害者（児）問題をすべての国民のものに』（1970、鳩の森書房）『日本の障害者―過去・現在・未来』（1974、ミネルヴァ書房）『障害者の中世』（1987、文理閣）などの書物を20冊以上も出してきた研究者である。若い頃は左足にペンを挟んで書き、次にはパソコンの文字盤にペンを押して書いていたが、障害の重度化が進み、75歳になった今では全面介助の生活になったが、口述筆記で今も執筆中のそのたくましさに圧倒され、私も何か書こうという意欲が湧いたことである。二つは、これも本書の110頁に出ているが、戦後、不発弾の爆発で両眼両手首を失った藤野高明さん。これまでも彼の痛烈な体験をもとにした出版の編集を手伝ってきたが、まだ書き残しているテーマがあるというので、その手伝いをするつもりでいた。しかし、まだ構想がまとまらないということで手持ち無沙汰になった。よしそれなら私が書こうと思い立ったのである。

これまでの人生で、広い視野に立つこと、歴史的に、それを庶民の立場で見ることの大切さを実感してきたので、それを実践してみようと考えた結果、本書のような欲張った内容になった。書くためにはいろんな資料を読み込む必要がある。書棚に並んでいる本を引っ張り出して必要な事項を取り出すことを始めた。書くことがとても勉強になった。大筋は多くの本から引用または参考にさせていただいたことをお断りし、お礼を申し上げたい。

また、最近『視覚障害教育の源流をたどる』（明石書店）を出版された岸博実氏、『ハンセン病児問題史研究―国に隔離された子ら』と『太平洋戦争下の全国の障害児学校―被害と翼賛』（新日本出版社）という大部な本を続けて出された清水寛氏、大阪で障害者運動をともにしてきた鈴木英夫氏（さつき福祉会前理事長）、河野勝行氏らには資料提供やご意見をいただいた。小森淳子さんにはゲラの校正をきめ細かくしていただき、クリエイツかもがわの伊藤愛さんには編集面でサポートしていただくなど、お世話になった方々にも感謝の意を表したい。

多くの人に読んでもらえるためには、読みやすいこと、頁数はあまり多くないこと、本の値段はなるべく安いことだと思って、最大限切り詰めたため、写真やイラストもないものになったことがやや残念である。

このままだと日本の未来は決して明るいとは言えない。平和・自由・人権を守るためには社会の現状を変える取り組みを強める必要がある。とりわけ若い人に、歴史を正しくつかみ、優れた取り組みを受け継ぎ、どう生かしていけばよいかを考えてほしい。そのための一助になることを願っている。

引用・参考文献

序章　平和・自由・人権をキーワードに

今野信雄『江戸子育て事情』築地書館、1988年
加藤康昭『日本盲人社会史研究』未来社、1974年

第1章　明治維新から第1次世界大戦まで

日本史研究会ほか編『創られた明治、創られる明治』岩波書店、2018年
大日方純夫ほか著『日本近現代史を読む』新日本出版社、2010年
家永三郎編『日本の歴史』シリーズ　ほるぷ出版、1977年
原田敬一『「坂の上の雲」と日本近現代史』新日本出版社、2011年
国民教育研究所編『近代日本教育小史』草土文化社、1973年
江藤恭二ほか編『子どもの教育の歴史』名古屋大学出版会、1992年
森山茂樹・中江和恵『日本子ども史』平凡社、2002年
浜林正夫『人権の歴史と日本国憲法』学習の友社、2005年
中村満紀男・荒川智編著『障害児教育の歴史』明石書店、2003年
津曲裕次ほか編著『障害者教育史』川島書店、1985年
清水寛・三島敏男編『障害児の教育権保障』明治図書、1975年
東京教育大学教育学部雑司ヶ谷分校編集委員会『視覚障害教育百年のあゆみ』第一法規、1976年
丸山一郎『障害者施策の発展』中央法規、1998年
立川昭二『病気の社会史』NHKブックス、1971年
野村拓『国民の医療史』三省堂選書、1977年
清水寛『ハンセン病児問題視研究　国に隔離された子ら』新日本出版社、2016年

第2章　第1次世界大戦から世界恐慌を経て日中・太平洋戦争へ

中村政則編著『昭和時代年表』岩波ジュニア新書、1986年
藤原彰『天皇の軍隊と日中戦争』大月書店、2006年
児島美都子・真田是・秦安雄編『障害者と社会保障』法律文化社、1979年
日本手話研究所編『手話・言語・コミュニケーション　N0・6』文理閣、2018年
河野勝行『障害者問題の窓から』文理閣、1991年
渡辺賢二著『実物・絵図で学ぶ日本近現代史』地歴社、1993年
清水寛『太平洋戦争下の全国の障害児学校　被害と翼賛』

新日本出版社、２０１８年

第３章　新憲法から朝鮮戦争を経て安保改定へ

中村政則『戦後史』岩波新書、２００５年
藤原彰・荒川章二・林博史著『日本現代史』大月書店、１９８６年
井上英夫ほか編『社会保障レボリューション　いのちの砦・社会保障裁判』高菅出版、２０１７年
一番ケ瀬康子・佐藤進編著『障害者の福祉と人権』光生館、１９８７年
谷崎毅『障害者雇用とワークショップ』コレール社、１９９４年
藤本文朗・鴨井慶雄編『完全参加をめざす教育』全障研出版部、１９８３年

第４章　ベトナム戦争から構造改革・新自由主義へ

片平洌彦編『かけがえのない生命　現代の保健・医療・福祉』桐書房、２００１年
渡辺治ほか『〈大国〉への執念　安倍政権と日本の危機』大月書店、２０１４年
障害者自立支援法違憲訴訟弁護団編『障害者自立支援法違憲訴訟　立ち上がった当事者たち』生活書院、２０１１年

第５章　21世紀を迎えて

渡辺治ほか『戦後70年の日本資本主義』新日本出版社、２０１６年
稲葉剛ほか著『ここまで進んだ！　格差と貧困』新日本出版社、２０１６年
佐貫浩『教育基本法「改正」に抗して』花伝社、２００６年
越野和之・青木道忠編著『特別支援学校と障害児教育の専門性　大阪市立盲学校「センター化」15年の挑戦』クリエイツかもがわ、２００６年
田中昌人『障害のある人びとと創る人間教育』大月書店、２００３年
中村政則・森武麿編『年表昭和・平成史　新版１９２６－２０１９』岩波ブックレット、２０１９年

終章　平和・自由・人権の21世紀に

川田忠明『社会を変える23章　そして自分も変わる』新日本出版社、２０１５年
全国障害者問題研究会編『全障研50年史　発達保障の半世紀』全国障害者問題研究会、２０１８年

|著　者|

鴨井　慶雄（かもい　よしお）

1931年、台湾新竹市生まれ。京都大学教育学部卒業。大阪市立盲学校教諭、大阪市立難波養護学校教諭を経て、大阪千代田短期大学講師・助教授・教授・副学長。全国障害者問題研究会副委員長、社会福祉法人さつき福祉会理事長、社会福祉法人ヒューマン福祉会理事長などを歴任。

主な共・編著に、『明日を呼ぶ子ら』（明治図書）、『この子らと生きて』（新日本新書）、『完全参加をめざす教育』（全障研出版部）、『障害児学級実践ノート』（労働旬報社）、『ともに育つ学級・学校づくり』（クリエイツかもがわ）など。

子ども・障害のある人から見た明治150年

平和・自由・人権を

2019年10月29日　初版発行

著　者　©鴨井慶雄

発行者　田島 英二

発行所　株式会社 クリエイツかもがわ

〒601-8382　京都市南区吉祥院石原上川原町21

電話 075(661)5741　FAX 075(693)6605

ホームページ http://www.creates-k.co.jp

メール info@creates-k.co.jp

郵便振替　00990-7-150584

印刷所　モリモト印刷株式会社

ISBN978-4-86342-273-5 C0036　printed in japan